DAMM · DIE STARS DER MOTORRAD WM

Johannes Damm

Die Stars der Motorrad WM

50 Fahrer aller Klassen.
Wie sie wurden, was sie sind.

Motorbuch Verlag Stuttgart

Einbandgestaltung: Siegfried Horn
unter Verwendung eines Farbdias von Johannes Damm

Fotos im Innenteil: Johannes Damm
Alle Fotos mit Leica-Kamera

Textmitarbeit: Gerold Lingnau

ISBN 3-87943-995-8

1. Auflage 1984

Eine Abteilung des Buch- und Verlagshauses Paul Pietsch GmbH & Co. KG.

Satz und Druck: Becht-Druck, 7403 Ammerbuch-Pfäffingen
Bindung: Verlagsbuchbinderei Wilhelm Nething, 7315 Weilheim
Printed in Germany.

Inhalt

500 cm^3

250 cm^3

125 cm^3

50 cm³

Seitenwagen

Freddie Spencer

»Ich bete vor jedem Rennen und weiß, daß ich in Gottes Hand bin. Das gibt mir die Ruhe, die ich vor dem Start brauche.« Wer sich da jetzt ein Lächeln nicht verkneifen kann über diesen frommen Rennfahrer, der kennt Freddie Spencer nicht — den Amerikaner, der 1983 auf Honda Weltmeister in der 500er Klasse geworden ist. ›Fast Freddie‹ meint, was er sagt, und er wirkt so überzeugend, weil er als strenggläubiger Baptist auch entsprechend handelt. In die Motorrad-Weltmeisterschaft ist er hineingefahren wie ein Ungewitter. Zu Beginn der Rennsaison 1982 hätten auch noch so gute Kenner der Grand-Prix-Szene die Schultern gezuckt, wären sie nach Freddie Spencer gefragt worden. Das sollte sich aber schnell ändern. Schon beim ersten WM-Lauf in Argentinien wird jedem Zuschauer klar, welches Supertalent sich Honda aus Amerika mitgebracht hatte. Völlig respektlos zeigt er alten Hasen wie Kenny Roberts, Marco Lucchinelli, Barry Sheene und Randy Mamola das Hinterrad. Er liefert ihnen von Anfang bis Ende einen harten Fight und fährt als Dritter über die Ziellinie. Acht Wochen später in Misano wird er Zweiter. Und einen Monat später in Spa wird auch Skeptikern klar, daß der dritte Platz in Argentinien kein Zufall, sondern schlicht und einfach Können war: Hier überholt Spencer in der neunten Runde Roberts und gibt die Führung bis ins Ziel nicht mehr ab. Er gewinnt damit — als jüngster Fahrer überhaupt — seinen ersten Grand Prix, genau am Unabhängigkeitstag der USA, und für Honda gehen fünfzehn sieglose Jahre zu Ende. Es sollte aber noch besser kommen, denn um ein Haar wäre der Neuling mit dem immer freundlichen Babyface 1982 Vizeweltmeister geworden. Franco Uncini vereitelte beim letzten WM-Lauf in Hockenheim diesen Traumerfolg für Spencer. In Führung liegend verlor Freddies Honda in der letzten Runde an Leistung, sein Vorsprung wurde immer geringer. Der nachfolgende Mamola witterte seine Chance, Spencer kurz vor dem Ziel noch zu schnappen, und läßt rücksichtslos das Gas stehen. In der Sachs-Kurve gelingt es ihm, Freddie auf seiner lahm gewordenen Honda zu überholen. Uncini — dicht hinter ihm — versucht auch noch vorbeizu-

kommen, erwischt dabei aber Spencer am Hinterrad, und in einem spektakulären Sturz fegt es beide von der Strecke. Daß sich Uncini noch kurz vor dem Ziel mit Spencer anlegte, war mehr als unnötig, denn er hatte die Weltmeisterschaft schon in der Tasche. Für den jungen Amerikaner war dieser Rausschmiß doppelt schmerzlich: Er brach sich das Schlüsselbein, während Uncini unverletzt blieb, und — noch schlimmer — der greifbar nahe Vizeweltmeistertitel ging verloren. Im Endergebnis 1982 werden Uncini mit 103 Punkten Weltmeister, der Neuseeländer Graeme Crosby mit 76 Zählern Vize und mit nur 4 Punkten weniger Freddie Dritter. So war Spencer in nur einer Saison in die Spitzengruppe der Weltbesten vorgeprescht. und zwar mit Raketentempo: In Spa, Misano und Hockenheim fuhr er nicht nur die schnellste Runde, sondern auch neue Rekordzeit.
Sein Europa-Gastspiel begann 1980, als er gerade Neunzehn war, beim Osterländerkampf USA gegen England. Mühelos gewann er vier der sechs Rennen. Verblüfft mußten sich Stars wie Roberts, Sheene und Mamola geschlagen geben. ›King Kenny‹ war damals noch skeptisch und meinte: »Man muß erst abwarten, ob er diese wilde Fahrerei in den nächsten Jahren übersteht.« Freddie überstand sie, und zwei Jahre später klang schon eine Menge Anerkennung und Respekt aus den Worten von Roberts: »Den Nachteil seiner PS-schwächeren Maschine gleicht Spencer durch Können und hohe Risikobereitschaft aus. Seine Drifterei ist zwar noch schreckerregend, aber die Maschine hat er dabei voll im Griff.« Kein Wunder, denn driften lernte Freddie schon mit sechs Jahren bei Dirt-Track-Rennen als Amateur auf 80er Mini-Bikes. Fünf Jahre lang fährt er nur auf geölten Dirt-Track-Pisten, und 1973 — mit elf — geht er das erste Mal bei einem Straßenrennen an den Start. 1974 führte er in Daytona mit einer 125er Yamaha die Amateur-Klasse an, bis sein Motor den Geist aufgibt. Danach bewundert er die Siegesfahrt von Giacomo Agostini. Mit 10 Jahren ist Spencer schon Staatsmeiser von Texas, Oklahoma, Arkansas, Mississippi und Louisiana. Als er nach seinem High-School-Abschluß ins Profilager wechselt, hat er schon zwölf nationale und zehn Bundesmeisterschaften gewonnen. Bis zu seinem 16. Lebensjahr wurde er ausschließlich von seinem Vater betreut. Der Inhaber eines Lebensmittelladens scheute keine Kosten und Mühen, um seinen Sohn zu einem guten Rennfahrer zu machen. Als Honda 1979 Freddie unter Vertrag nahm, hatte er schon alles gewonnen, was es in Amerika zu gewinnen gibt. Besessen von seinem Sport, den er leidenschaftlich liebt, bemüht er sich, immer fair und möglichst risikolos für andere zu fahren — auch wenn es manchmal anders aussieht.
Für den Boy aus Shreveport im Staat Louisiana — seit seiner Geburt lebt Freddie dort — beginnt das Rennjahr 1983 mit einer Serie von Erfolgen. Dreimal hintereinander steht er ganz oben auf dem Treppchen. Für die

Wie überall, Freddie in voller Aktion auf dem Hockenheimring.

Spitzenfahrer von Yamaha und Suzuki waren das Schläge, die hart trafen — besonders für Roberts, der in diesem Jahr unbedingt seine Rennkarriere als Weltmeister beenden wollte. Man war gespannt, was sich die Gegner einfallen lassen würden, um den Siegeszug von Spencer zu stoppen. In Hockenheim war ein hartes Duell zwischen Freddie und Kenny zu erwarten. Ganz undramatisch sorgte aber ein gebrochenes Auspuffrohr dafür, daß Roberts den führenden Spencer mühelos überholen und siegen konnte. In Jarama revanchierte sich der Youngster mit Bravour. Runde um Runde, in ständigen Rad-an-Rad-Kämpfen, attackierten sich Roberts und Fast Freddie bis ins Ziel. Mit exakt einer halben Sekunde hatte am Schluß Spencer die Nase vorn. Trotz aller Härte und Verbissenheit blieb dieser spannende Zweikampf immer fair. Groß war die Begeisterung der Zuschauer: Ihnen wird dieses einzigartige Kräftemessen lange in Erinnerung bleiben. Den ersten und einzigen Ausfall hatte Spencer 1983 auf dem Salzburgring, als sein Motor in der 13. Runde streikte. Der Sieg in Rijeka brachte das Punkteverhältnis zwischen ihm und Roberts auf 83 : 70. In Assen hatte Freddie dann Probleme mit seinem Vorderreifen, der zu heiß wurde und in den Kurven wegschmierte. Erzrivale Roberts gewann, und damit verringerte sich der Vorsprung Spencers auf acht Punkte. Und dann kam Spa, die

Windschattenspiele der beiden Erzrivalen Roberts und Spencer waren an der Tagesordnung, nicht nur hier in Imola, wo es um die Wurst ging.

Lieblingsstrecke des jungen Amerikaners. Spencer hatte einen besseren Start als Roberts. In der vierten Runde betrug der Abstand zwischen den beiden knapp fünf Sekunden. In der 10. Runde waren es nur noch zwei, und die 14. Runde wäre für die beiden Kampfhähne um ein Haar die letzte geworden. In der Spitzkehre, kurz vor Start und Ziel, verbremste sich Freddie ein wenig, und Roberts — dicht dahinter — ging kaltblütig voll beschleunigend innen vorbei. Mit einem furchterregenden Schlenker brach Kennys Yamaha seitlich aus, und beide kamen sich so nahe, daß kaum noch ein Blatt Papier dazwischen gepaßt hätte. Um die schon fast sichere Kollision zu vermeiden, zog Roberts die Maschine in einem haarsträubenden Wheelie fast senkrecht hoch, drehte dabei leicht auf dem Hinterrad nach rechts und stob, einen sichtlich geschockten Spencer hinter sich lassend, die steile Gerade zu Start und Ziel hinunter. Nach zwanzig Runden wurde Roberts 14 Sekunden vor Spencer als Sieger abgewinkt. Nun trennten die beiden nur noch fünf Punkte. Der nächste WM-Lauf in Silverstone wurde überschattet durch einen schweren Unfall in der 5. Runde, bei dem Norman Brown und Peter Huber starben. Daraufhin brach man das Rennen ab, und Roberts wurde als Erster abgewinkt. Im Endergebnis, nach einem neuen Start, lag Spencer hinter Kenny an zweiter Stelle und führte in der

WM-Wertung nur noch mit zwei Punkten. Daran sollte auch das Rennen in Anderstorp nichts ändern. Von Anfang bis kurz vor Schluß lag Spencer dicht hinter Roberts in Lauerstellung. Was in der vorletzten Kurve vor dem Ziel geschah, lassen wir Spencer selbst schildern. »Ich wußte, daß ich nur noch in dieser Kurve eine Chance hatte, Kenny zu überholen. Er ließ lange das Gas stehen, und ich dachte mir, was er kann, schaffen meine Bremsen auch. Plötzlich war ich mit ihm auf gleicher Höhe und wir stiegen beide voll in die Eisen. Für Kenny reichte es nicht mehr ganz — er mußte ins Gras. Genau das hatte ich kalkuliert und zog innen an ihm vorbei. Durch diesen Ausrutscher Kennys wurde ich knapp vor ihm Sieger.« Roberts sagte zwar in seiner ersten Wut, Spencer habe ihn von der Piste gedrängt. Das ist sogar möglich, denn nach der gefährlichen Eskapade von Roberts in Spa lag eine solche Antwort Spencers in der Luft. Roberts trumpfte zwar in Imola noch einmal auf und konnte das Rennen für sich entscheiden. Aber das half ihm nichts mehr: Mit zwei Punkten Vorsprung und mit Gottes Hilfe wurde Freddie Weltmeister. Selten haben zwei Rennfahrer eine ganze Saison lang für soviel Spannung gesorgt und so brillante fahrerische Leistungen geboten. Schade, daß Kenny Roberts sich endgültig entschlossen hat aufzuhören. So wird es 1984 keinen Revanchekampf mehr geben.

Kenny Roberts

King Kenny: Unter diesem Namen kennen ihn die Motorsportfans in aller Welt. Dreimal hintereinander — 1978, 1979, 1980 — war er Weltmeister in der ›Königsklasse‹, bei den 500ern. Das oder mehr haben vor ihm nur ganz Große geschafft, Geoff Duke, John Surtees, Mike Hailwood, Giacomo Agostini. 1983 wollte der Kalifornier noch einmal Champion werden und sich dann in sein Haus am Lake Tahoe zurückziehen — zum Angeln, zum Wassersport, zum Bergsteigen, seinen drei Hobbys. Daraus wurde nichts, Kenny blieb Zweiter. Geschlagen abtreten oder es noch einmal versuchen? Das war eine schwere Entscheidung. Aber gewonnen hatte

er längst genug, und so konnte er ohne Gewissensbisse den Ausstieg aus der Weltmeisterschaft wählen.
In Europa war er ein Mister Nobody, als er erstmals 1977 zu einem Lauf der damaligen Formel 750 in Italien aufkreuzte. Daß er gewann, wurde von vielen, die ihn nicht kannten, als Zufall abgetan. Bald darauf schien er sich als Meister der starken Sprüche profilieren zu wollen: »Ich gehe nach Europa, um drei Titel zu gewinnen«, hatte er prophezeit. Aber die Europäer dachten gar nicht daran, sich vor ihm zu fürchten. Das war falsch, denn Johnny Cecotto, Steve Baker und Pat Hennen hatten bis dahin schon gezeigt, daß schnelle Leute auch von jenseits des Atlantik kommen können. Kenny, der Neue, war sogar ein Naturtalent auf dem Motorrad. Als Junge vom Land war er direkt vom Pferd auf die Maschine umgestiegen und sogar von der Schule geflogen, weil er nichts als seine Zweiräder im Kopf hatte. Er hatte auch, bevor er die Alte Welt aufschreckte, in Amerika so ziemlich alles gewonnen, was es zu gewinnen gab. Besonders erfolgreich war er auf den Dirt-Track-Pisten, einer US-Spezialität, wo man gottesfürchtig auf geöltem Sand driftet und dabei bis zu 180 km/h erreicht. Von daher rührt auch seine Anhänglichkeit zur japanischen Marke Yamaha. Sie nahm ihn unter Vertrag, als er 19 Jahre alt war, und er hat ihr bis heute die Treue gehalten. Auch finanziell ist er nicht schlecht gefahren dabei. Kenny Roberts ist bei aller Begeisterung fürs Motorrad ein knallharter Profi mit viel Geschäftssinn. »Ich werde dafür bezahlt, daß ich gute Rennen fahre.« Der blonde Kalifornier ist aber kein Sunny Boy und schon gar kein Playboy. »Wenn ich in Europa beliebt und berühmt werden wollte wie ein Westernheld, wäre ich viel netter zu all den Leuten, die ständig etwas von mir wollen.« Nun, zumindest berühmt ist er inzwischen längst geworden. Beliebt ist er nicht überall, vor allem nicht bei selbstherrlichen Sportfunktionären. Privat haben ihm seine Rennerfolge sogar Niederlagen gebracht: Seine Frau, die er mit zwanzig geheiratet hatte, verließ ihn 1979. Sie und die drei Kinder waren von Vaters Rennkarriere auf den zweiten Platz verwiesen worden. Das ist ein Schicksal, mit dem viele Sportlerfamilien fertigwerden müssen.
King Kennys Erfolgsliste ist lang und bunt. Seinen ersten Grand Prix gewann er 1978 in Venezuela — allerdings in der 250er Klasse, in der er in jenem Jahr zum ersten- und letztenmal antrat und im Schlußklassement Vierter wurde. Viel wichtiger war, daß er zugleich den ersten 500er Titel nach Hause fuhr. Drei Läufe hatte er gewonnen, am Ende der Saison blieben ihm zehn Punkte Vorsprung vor Barry Sheene. 1979 fing tragisch an: Kenny stürzte bei Testfahrten in Japan und kam nur knapp an einer Querschnittslähmung vorbei. Auf dem Salzburgring, wo er im Vorjahr seinen allerersten Sieg in der Königsklasse errungen hatte, feierte er sein

Ein Bündel Energie und Konzentration — Kenny Roberts auf Erfolgskurs in Imola '83.

Comeback. Mit großem Vorsprung wurde er schließlich Champion vor dem Italiener Virginio Ferrari. Das Jahr 1980 begann gleich mit drei ersten Plätzen und endete auf dem Nürburgring mit dem dritten Titel. Dann folgten Kennys magere Jahre. Trotz neuer Maschine — Vierzylinder in quadratischer Anordnung — lief 1981 vieles nicht nach Wunsch. In Spa-Francorchamps verlor er die Weltmeisterschaft, als er von Michel Frutschi behindert wurde und den späteren Champion Marco Lucchinelli vorbeilassen mußte. Im Jahr darauf hatte er es mit einem anderen Italiener, Franco Uncini, zu tun. Diesmal traf ihn das Pech in Silverstone: Er wurde in einen Sturz verwickelt und verletzte sich. Uncini ist am Ende der Saison Weltmeister, Roberts Vierter. 1983 will Kenny es genau wissen. Diesmal ist Landsmann Freddie Spencer — und nach zwei Suzuki-Erfolgsjahren Honda — sein großer Rivale. Fast Freddie und King Kenny schenken sich nichts, zweimal geht es fast auf Hauen und Stechen. Unvergessen Roberts' Aufholjagd in Rijeka, wo er als Letzter vom Start kommt und in zehn Runden fast dreißig Konkurrenten überholt. Doch aller Einsatz nützt nichts. In Imola fällt die Entscheidung: Roberts siegt zwar, doch Spencer hat mehr Punkte und wird Weltmeister. Ein Finale in Moll? Nein, daß große Ende einer glänzenden Rennfahrer-Laufbahn.

Randy Mamola

Der stämmige, sommersprossige Blondschopf aus Santa Clara in Kalifornien wollte es 1983 wissen. 1980 und 1981 war er Vizeweltmeister. Und nach einer weiteren, diesmal total verpfuschten Saison erhoffte er sich 1983 endlich den ganz großen Sprung nach vorn. Diese Hoffnung erfüllte sich freilich nicht. Im Endstand der WM-Punktewertung war der dritte Platz das höchste, was Randy Mamola erreichen konnte. An seinem fahrerischen Einsatz und Können lag das sicher nicht, ganz im Gegenteil. Seine Suzuki RG 500 konnte Freddie Spencers Honda NS 500 und Kenny Roberts Yamaha OW 70 nicht das Wasser reichen. Das zeigte sich schon in Kyalami, wo er nach einem enttäuschenden fünften Platz abstieg und wütend sagte: »Die Maschine war mit diesem bockigen Fahrwerk kaum auf der Strecke zu halten. Ich kam mir vor wie ein Rodeo-Reiter auf einem wilden Stier.« Das nächste Rennen in Spa bescherte ihm noch Schlimmeres. Beim Start preschte Sergio Pellandini, dessen Maschine sofort ansprang, aus der 6. Reihe wie ein Kamikaze mitten durchs Fahrerfeld nach vorn und donnerte Mamola, der noch anschob, voll ins Hinterrad. Als Randy versuchte, die nach links abkippende Maschine zu halten, fuhr ihm Guido Paci über den Fuß. Trotz starker Schmerzen startete Mamola, mußte aber nach der ersten Runde aufgeben. Kein Wunder, denn der Fuß war gebrochen. Mit diesem Handikap weiterzufahren, verkraftet auch ein so harter Bursche wie der Kalifornier nicht. Drei Wochen später — noch mit Gipsverband — schaffte er in Monza nicht nur die drittbeste Trainingszeit. Er belegte auch im Rennen nach harten Positionskämpfen mit Roberts und Spencer den zweiten Platz: mit seinem immer noch stark schmerzenden Fuß eine hervorragende Leistung. Bei allen weiteren Rennen konnte er zwar jedesmal Punkte erringen, aber keinen Sieg. Das beste Ergebnis war sein zweiter Platz in Rijeka.

Wie alle Grand-Prix-Piloten aus Amerika begann auch Mamola schon sehr früh Rennsport zu treiben. Mit neun Jahren war noch Schlagzeugspielen seine große Leidenschaft. Die ließ aber merklich nach, als ihm seine Eltern

Zum Fürchten, wie Randy Mamola an seiner Maschine hängt — hier auf dem Hockenheimring.

1970 — als er elf war — das erste Motorrad kauften. Von da an gab es für ihn kaum noch andere Interessen. Ein Jahr später fuhr er schon Rennen und verdiente damit seine ersten Dollars. Wer waren seine Vorbilder im Rennsport? Seine spontane Reaktion läßt keinen Zweifel daran, daß er auch meint, was er sagt: »Ich habe immer zu Kenny Roberts hochgeschaut und wollte so gut sein wie er. Dabei vermeide ich aber, ihn einfach nachzuahmen. Ich versuche lieber, einen eigenen Stil zu entwickeln, und ich glaube, das ist mir auch gelungen. Wie Kenny das Motorradfahren beherrscht, bewundere ich auch heute noch, obwohl ich in den vergangenen Jahren schon mehrmals bei einem Grand Prix vor ihm durchs Ziel fuhr. Mein Respekt vor Roberts hat auch damit nichts zu tun, daß er schon dreimal Weltmeister war. Ich sehe ihn also keineswegs, wie seine Fans, als ›King Kenny‹, an den kein anderer heranreicht. Meine Hochachtung hat er als Berufsrennfahrer: als ein Profi, der nur so gut werden konnte, weil er stets von sich Hochleistung gefordert und auch gezeigt hat. Sollte ich einmal Weltmeister werden, würde ich niemals sagen, ich bin der Beste, sondern ich bin einer der Besten. Wer die Licht- und Schattenseiten des Rennsports so gut kennt wie ich, weiß das genau: man braucht nicht nur Talent und Können, sondern auch noch eine gute Maschine und manchmal viel Glück, um Weltmeister zu werden. Das Publikum beurteilt manche Fahrer völlig falsch, weil es meist nur die Ersten für gut hält. Dabei müssen die Fahrer im hinteren Feld mit leistungsschwächeren Maschinen oft viel mehr riskieren, um überhaupt mitzukommen, als die Stars mit optimaler Werksbetreuung.« Es ist zu wünschen, daß Randy Mamola, dieser faire Sportler ohne Starallüren, noch lange durch seinen kämpferischen Einsatz begeistern kann.

Eddie Lawson

Im amerikanischen Straßenrennsport ist der Titel des Superbike-Meisters die höchste Auszeichnung. Eddie Lawson holte sich diese Krone und half auch durch viele andere Siege mit, die Tausender-Kawasaki zu einem Siegermotorrad zu machen. Er war in den USA also kein Unbekannter mehr, als er 1983 auszog, um bei der Motorrad-WM mitzumischen. Kalifornier wie Kenny Roberts, noch dazu in seiner Nähe wohnend, gewann er nicht nur dessen Freundschaft, sondern wurde auch sein Geschäftspartner. Sie haben Gary Howard gemeinsam als Manager und besitzen zusammen eine Pferdefarm. In ihrer Freizeit trainieren sie einträchtig auf Motocross-Maschinen. Dabei blieb es aber nicht. Als nämlich der ehemalige Kawasaki-Werksfahrer Lawson umsteigt und Fahrer Nummer zwei im Yamaha-Marlboro-Team wird, hat er dort Roberts als Lehrmeister. Wie Lawson selbst sagt, kann er sich keinen besseren vorstellen — zumal er vor seinen ersten Testfahrten, März 1983 in Daytona, noch nie auf einer 500er Yamaha saß. Der 24jährige Eddie hält den Wechsel vom Superbike auf die Yamaha OW 70 für unproblematisch. Auf den unterschiedlichsten Rennmotorrädern hat er schließlich jahrelang Erfahrungen sammeln können. Der erste WM-Lauf in Kyalami bestätigt seinen Optimismus: Er wird auf Anhieb Achter. Ein toller Erfolg, denn er konnte nur sehr kurz trainieren und sich an die neue Maschine gewöhnen. Das zweite Rennen in Le Mans war für ihn schon wieder zu Ende, ehe es begonnen hatte. Bei der von Pellandini verursachten

Den schnellen Eddie lassen Wheelis kalt, und — wie hier in Spa — nutzt er stets jeden Zentimeter der Strecke aus.

Startkarambolage wurde er nach links an die Mauer abgedrängt, und genau in diesem Moment kam von hinten — wie immer wild fahrend, als sei er ganz allein —der Brasilianer Marco Greco heran. Er schob Lawson, der in der ersten Startreihe stand, beiseite und riß ihm dabei die linke Lenkerhälfte ab. Leicht geschockt lehnte Lawson seine Yamaha an die Mauer und hielt Team-Chef Agostini, der ihn wütend zum Losfahren aufforderte, nur unmißverständlich seinen Lenkerstummel unter die Nase. Eddies Kommentar zu diesem Startunfall: »Es ist ein Wunder, daß bei diesen blödsinnigen Schiebestarts nicht jedesmal einer umgebracht wird.« Um so besser lief es dann in Monza. Lawson wurde Dritter, und dieser Erfolg war den Yamaha-Monteuren sicher ein kleiner Trost für ihre höchst blamable Betreuung von Roberts: Der blieb nämlich in der zweitletzten Kurve des Rennens wutschnaubend wegen Spritmangel stehen. Für Eddie Lawson war das der erste große Erfolg in Europa. Rückblickend meint er: »Vor zwei Jahren, bei meiner ersten Vorstellung hier in Monza, flog ich mit meiner 250er Kawa schon nach zwei oder drei Runden ins Gelände. Nachts mußte ich in einem Ford Transit auf Reifen schlafen. Heute bin ich in der Königsklasse Dritter geworden und sitze bequem in meinem 150 000-Dollar-Wohnmobil.« Kein Zweifel, daß er mit diesem Sprung nach vorn sehr zufrieden ist. Auch bei den folgenden Rennen punktete er fröhlich weiter. Auf dem Salzburgring wird er sogar Zweiter, in Rijeka und in Imola steht er als Dritter auf dem Podest. In seiner ersten vollen WM-Saison wurde Eddie Lawson von ›King Kenny‹ umhegt wie ein Kronprinz. Nicht nur in der Freizeit zwischen den Rennen sah man sie ständig zusammen. Auch im Training drehten die beiden oft dicht hintereinander ihre Runden. Zweifellos hat Lawson dabei eine Menge gelernt und muß Roberts für diese Schützenhilfe dankbar sein. Andererseits wäre Roberts sicher nie dazu bereit gewesen, hätte er nicht schon lange gewußt, daß hier einem großen Talent nur noch der letzte Feinschliff fehlt.

Das Talent wurde dem schnellen Eddie (Jahrgang 1958) wahrscheinlich schon in die Wiege gelegt, denn auch sein Großvater und sein Vater waren Rennfahrer. Die Liebe zu superschnellen, fahrbaren Untersätzen liegt also in der Familie. Nachdem er das erste Rennen bewußt miterlebt hatte, stand für ihn fest: »Das und nichts anderes will ich werden und ganz vorn dabei sein.« Mit sieben Jahren fängt er an und ist schon bald auf allen Dirt-Track-Pisten zu Hause. 1976 wird er Berufsrennfahrer und nimmt erstmals 1977 auch an Straßenrennen teil. Zwei schwere Unfälle hat er schon hinter sich. Beim ersten Mal stürzte er rückwärts auf die Straße und kugelte sich beide Beine aus — mit dem Ergebnis, daß er drei Wochen in Gips liegen mußte. Sein zweiter Sturz trug ihm eine Halswirbelverletzung ein: Wie schon Roberts, nach seinem schweren Sturz in Japan, kommt er gerade noch an einer Querschnittslähmung vorbei. Eine kurze Zeit lang kann er sich nicht bewegen, zwei Monate später sitzt er aber schon wieder auf der Maschine und gewinnt gleich das erste Rennen. Daß der ruhige, äußerlich unscheinbare, manchmal fast gehemmt wirkende Eddie hart im Nehmen ist, hat er beim Dirt-Track oft genug bewiesen. Sein vierter Platz in der Weltmeisterschaft 1983 läßt zudem vermuten, daß er nicht viel vom Hinterherfahren hält. Dabei hatte er sich für sein erstes WM-Rennjahr eigentlich nur vorgenommen, die Grand-Prix-Strecken und seine neue Maschine kennenzulernen. Man kann gespannt sein, wie 1984 für ihn ausgeht. Denn diesmal will er bei jedem Rennen auf Sieg fahren.

Takazumi Katayama

In Japan ist er nicht nur als Rennfahrer ein Idol. Auch in den Hitparaden taucht er als Gitarrist und Sänger auf. Wer ein Gespür für andere Menschen hat, fühlt schon im Gespräch mit ihm das hohe Maß an Selbstdisziplin und Willenskraft, das der drahtige Japaner mit den dunklen, zwingenden Augen ausstrahlt. Von seiner Liebe zum Motorradfahren schwärmt er noch immer wie ein Siebzehnjähriger, der voller Seligkeit sein erstes Rendezvous schildert. Dabei hat ihm seine Rennerei schon einige schwere Stürze eingebracht, und man könnte meinen, daß diese schmerzlichen Erfahrungen seine Begeisterung für das Motorradfahren etwas gedämpft hätten. Ist das so? Seine Antwort läßt vermuten, daß er sich damit schon häufig auseinandergesetzt hat. »Das Motorrad kann nicht denken. Es hängt immer vom Menschen ab, ob er und die Maschine zu einer Einheit werden, ob er sie beherrscht. Motorradfahren ist ein sehr anspruchsvoller Sport. Er verlangt, daß man seine Sinne und jeden Körperteil stets unter Kontrolle hat. Bei einem Sturz ist meist der Fahrer schuld: Er schätzt eine Situation falsch ein oder war unkonzentriert, und schon passiert es. Den Fehler muß man als positive Erfahrung speichern. Und man muß gleichzeitig versuchen, das Negative am Sturz sofort wieder zu vergessen. So lernt man aus Fehlern und kann es beim nächsten Mal besser machen. Außerdem baut man durch diese Denk-Methode Angst ab. Und die hat, glaube ich, jeder, der weiß, was bei einem Rennen alles schiefgehen kann. Nach jeder negativen Erfahrung, die ich mit dem Motorrad mache, gebe ich zuerst mir die Schuld und nicht irgendwelchen Nebensachen. Deshalb ist meine Liebe zum Motorradfahren nie kleiner geworden, sondern eher größer.« Wenn seine Rennkarriere eines Tages beendet ist, möchte Katayama in Japan als Lehrer tätig werden und bei seinen Schülern das Motorrad-Bewußtsein stärken. Er will mit Vorurteilen aufräumen und deutlich machen, daß Motorradfahren auch nahezu gefahrlos und phantastisch schön sein kann. So begeisterungsfähig, wie er ist, dürfte er dabei auch Erfolg haben.

In Kobe, einer Großstadt nahe bei Osaka, wurde er 1951 geboren. Mit 19 Jahren kam er zur Rennfahrerei. Von 1972 bis 1975 ist er dann bei Yamaha unter Vertrag, gewinnt einige Rennen und wird in der 250er Klasse Vierter in der WM-Wertung. Die Saison 1976 bestreitet er als Privatfahrer und wird Vizeweltmeister in der 250er Klasse. Das Jahr 1977 — wieder im Werksteam von Yamaha zusammen mit Kenny Roberts und Steve Baker — bringt ihn ganz nach vorn: Er wird Weltmeister in der 350er Klasse. 1978 ist er wieder Vize bei den 350ern, und 1979 tritt er als Werksfahrer bei Honda an. Insgesamt hat er elf Grand Prix gewonnen und noch häufiger als Zweiter oder Dritter WM-Punkte gesammelt. Mit diesen Siegen auf seinem Konto ist er in Japan unangefochtener Motorradfahrer Nummer Eins. In seiner Freizeit meditiert er viel, fährt Wasserski oder hält sich durch Jogging fit. Sein neuestes Hobby ist Aikido. Diese japanische Art der Selbstverteidigung besteht nur aus Abwehrtechniken. Ständige Übungen sollen Geist und Körper in Harmonie mit den Naturgesetzen bringen. Er mag diese Sportart, denn sie verlangt genau das, was auch beim Motorrad-Renn-

Bis kurz vor dem Start nutzt Katayama jede Gelegenheit, um sich körperlich fit zu halten.

Hier „streichelt" Katayama in der Sachs-Kurve des Hockenheimrings die Randbegrenzung.

fahren wichtig ist: die Fähigkeit, blitzschnell auch die winzigste Chance zum eigenen Vorteil zu nutzen.

1983 begann für ihn nicht gerade hoffnungsvoll. Beim Auftakt in Kyalami stürzte er und brach sich mehrere Rippen. In Le Mans mußte er deshalb auf den Start verzichten, und in Monza reicht es nur zum 5. Platz. Hockenheim sah ihn als Zweiten, ebenso Assen. Dort hätte er um ein Haar gewonnen, denn der führende Kenny Roberts hatte beim letzten Vorbeifahren an den Boxen auf der Anzeigetafel 3 Sekunden Vorsprung statt 1,3 Sekunden abgelesen. Durch diesen Irrtum wurde er von Katayama fast noch eingeholt; der Japaner schoß nur eine Viertelsekunde hinter dem Amerikaner durchs Ziel. Vom dritten bis zum elften WM-Lauf war Katayama jedesmal ›in den Punkten‹. Nach Anderstorp war er praktisch Weltmeisterschafts-Fünfter, er führte mit 77 zu 59 Punkten vor Marc Fontan. Doch wie schon im ersten erging es Katayama auch im letzten Rennen, in Imola, schlecht. Er stürzte im Training viel schwerer als in Kyalami. Wieder brachen einige Rippen, dazu aber noch beide Knöchel und mehrere Rückenwirbel. Es ist zu hoffen, daß die jüngsten Berichte stimmen und Katayama, wie gewohnt von Kampfbegierde überschäumend, in Kyalami im März 1984 wieder am Start ist.

Marc Fontan

Wie der Wunschtraum, auf schnellen Motorrädern Rennen zu fahren, die Laufbahn eines Menschen ändern kann: Dafür ist Marc Fontan ein Musterbeispiel. Der 1956 in Toulouse geborene Franzose studierte einige Semester Religion, bis er seine weltliche Lust auf Geschwindigkeit einfach nicht mehr unterdrücken konnte. Sein Umstieg vom frommen Fach zum Rennsport ist, wenn nicht sogar einmalig, doch zumindest ungewöhnlich. Möglichst schnell zu sein, hat ihn immer schon gereizt, nicht nur auf dem Motorrad. Auch beim Segeln — seinem Lieblingshobby — fühlt er sich am wohlsten auf einem Katamaran, wenn frischer Wind für volle Fahrt auf dem

Wie hier in Anderstorp, liegen die beiden oft Rad an Rad im Clinch, Katayama (8) und Fontan (10).

Wasser sorgt. Hätte Fontan nicht umgesattelt, wäre er wahrscheinlich ein stets eiliger Pfarrer mit wehender Soutane geworden. Ob er freilich als Geistlicher in Frankreich und weit darüber hinaus so bekannt geworden wäre wie als Rennfahrer — diese Frage läßt sich leicht durch seine Erfolge beantworten. Im ersten aktiven Jahr 1977 wurde er schon französischer Meister, später bei den 20 Stunden von Le Mans, Sieger im ›Moto-Jornal-Rennen‹; er errang zwei weitere französische Meisterschaften und wurde einmal Endurance-Weltmeister. Die Straßenweltmeisterschaft 1981 beendete er als Neunter, 1982 war er Zehnter, und 1983 belegte er, mit einem großen Sprung nach vorn, Platz sechs in der WM.
Fontan gehört zum Sonauto-Gauloises-Team und fuhr bisher auf einer 500er Yamaha. Im vergangenen Rennjahr ist er bei allen Grand Prix über die Runden gekommen und konnte auch jedesmal Punkte sammeln, doch kam er nie über den 4. Platz hinaus. Sein Fahrstil ist zwar kampfbetont, aber nicht aggressiv oder gar unsportlich. Auch bei härtesten Platzkämpfen läßt er sich nie durch Emotionen zu unfairen Tricks verleiten. Pfarrer werden will er nicht mehr. Nach Beendigung seiner Karriere wäre das einzige, was ihn reizen könnte, Chef eines Rennteams zu sein. Vorläufig steht Aufhören aber noch lange nicht auf seinem Programm. Für 1984 erhofft er sich, bei einem Grand Prix endlich einmal ganz oben als Sieger auf der Treppe zu stehen.

Marco Lucchinelli

Nach Giacomo Agostini, dem Super-Star mit 15 Weltmeistertiteln, mußten die Italiener fünf lange Jahre warten, bis 1981 in der Königsklasse endlich wieder einer der Ihren an der Spitze war: Marco Lucchinelli oder, wie sie ihn voll Stolz fortan nannten, ›Marco Nazionale‹. In früheren Jahren skandalumwittert, präsentiert sich Marco heute bei jeder Gelegenheit als Musterbeispiel eines Familienvaters. Wenn er, Wheelies produzierend, mit seinem Sohn auf einem Mini-Bike durchs Fahrerlager braust, zeigt er stolz, daß auch

Imola 1983 — Lucchinelli mittendrin im Kampfgetümmel der 500er Klasse.

Playboy-Typen die Vaterrolle meisterlich beherrschen können. Sein angeborener Charme kann Steine erweichen. Wenn man ihn reizt, redet er aber genauso gut im Gassenjungen-Jargon und mit der Schnelligkeit eines Sportreporters alles in Grund und Boden. Als flaumbärtiger Jüngling machte er bei seinen ersten Versuchen auf dem Motorrad Italiens Sandstrände unsicher. Mit 20 Jahren noch ohne Beruf, startet Lucchinelli 1974 seine Karriere als Rennfahrer bei Junioren-Rennen. 1976 steigt er dann voll ein und wird auf einer 500er Suzuki Vierter in der Weltmeisterschaft, 1977 in der Formel 750 auf Yamaha ebenfalls Vierter. Das Jahr 1978 beendet er in der Königsklasse als Neunter, im nächsten Jahr rutscht er aber auf den 18. Platz zurück. 1980 sieht man ihn zum ersten Mal als Werksfahrer, und er revanchiert sich dafür bei Suzuki mit Platz 3 in der WM. Am Ende dieser Saison holt er sich beim letzten Lauf auf dem Nürburgring seinen ersten Grand-Prix-Sieg (insgesamt sechs sind es inzwischen geworden). Ganz zufällig trug er bei diesem Rennen unter der Kombi Schlips und Kragen. Der abergläubische Lucchinelli wertete das als gutes Omen und fuhr fortan kein Rennen mehr ohne diese Verzierung. 1981 wurde sein Jahr: Italien konnte sich über einen neuen Weltmeister freuen.

Jahrelang hatte Lucchinelli mit einem Werksvertrag bei Honda geliebäugelt. Diese Tür öffnete sein Weltmeistertitel, und 1982 fuhr er dann in den blau-weiß-roten Farben dieser Marke. Bei Honda hatte man sich von Lucchinellis Verpflichtung viel versprochen. Aber es reichte nur zum achten Rang. 1983 konnte er sich zwar um einen Platz verbessern, aber es knisterte schon im Gebälk. Nach den zwei Honda-Jahren will Marco Lucchinelli, wie er selbst sagte, nichts mehr mit Japanern zu tun haben. Er fährt 1984 die neue Cagiva: Dort sind nur Landsleute von ihm beschäftigt, und er glaubt, daß mit diesem Team auch der ganz große Erfolg wieder in greifbare Nähe rückt. Musizieren ist sein liebstes Hobby. Es gibt schon einige Platten von ihm, die sogar erfolgreich sind. Wenn Lucchinelli mit der Rennerei aufhört, hat er vor, im Showgeschäft Karriere zu machen.

Ron Haslam

In früheren Jahren gehörte England zu den erfolgreichsten Nationen im Motorradrennsport. Namen wie Mike Hailwood, Phil Read und John Surtees beweisen das. In der Seitenwagen-Klasse sind die Briten auch heute noch gut vertreten. Aber sieht man von Barry Sheene ab, stießen seit 1975 kam noch englische Solo-Fahrer zur Weltspitze vor. Ob Ron Haslam das ändern kann, muß man abwarten. Der achte Platz in seinem ersten Grand-Prix-Jahr läßt zumindest Hoffnungen zu. Haslam ist kein Anfänger. In Großbritannien hat er einschließlich der TT schon alles gewonnen, was zu gewinnen war. Schnell ist er nicht nur auf Rennstrecken. Der eilige Ron profilierte sich schon vorher auf öffentlichen Straßen. Nach einer Kette von Tempoüberschreitungen war es der Polizei zuviel, und Haslams Führerschein weg. Die Gesetzeshüter konnten aber nicht ahnen, daß sie damit zu Geburtshelfern eines erfolgreichen Rennfahrers wurden. Nach seiner Verbannung von der Straße tobte Haslam seine Tempo-Lustgefühle auf Rennstrecken aus. Er

Der Grand-Prix-Neuling Ron Haslam in Anderstorp, wo er hinter Roche Neunter wurde.

stammt aus einer kinderreichen Familie und wurde 1956 in einem kleinen Ort in England geboren. Bevor er Rennfahrer wurde (aber auch noch einige Jahre danach), war er Bauarbeiter und später Baggerführer. Als sein älterer Bruder, ebenfalls rennbesessen, 1975 bei einem Meisterschaftslauf tödlich verunglückte, war das für Ron und die ganze Familie ein großer Schock. Haslam zog sich sofort vom Rennsport zurück. Bis zu diesem tragischen Ende gab es für ihn nur ein Idol — seinen Bruder. Erst ein Jahr später, mit mehr Abstand, begann er wieder gelegentlich Rennen zu fahren. In dieser Zeit war dann Steve Baker sein Vorbild. »Er fuhr unwahrscheinlich gut, ganz besonders hat mich sein Kurvenstil beeindruckt. Und beim Hinterherfahren habe ich von Steve eine Menge gelernt.« Bei seinem ersten Grand-Prix-Versuch konnte Haslam nur in sechs von zwölf Läufen punkten. Mehrmals schied er wegen technischer Defekte vorzeitig aus. In Jarama stürzte er schwer, wurde verletzt und konnte deshalb in Salzburg nicht an den Start gehen. Mit weniger Pech hätte Ron Haslam vermutlich das Rennjahr 1983 noch weiter vorn beendet.

Franco Uncini

Assen, 29. Juni 1983, zweite Runde der Königsklasse: An fünfter Stelle liegend stürzt Franco Uncini durch einen Fahrfehler in der Bedeldyck-Kurve schwer. Kenny Roberts, Jack Middelburg und Marc Fontan, dicht dahinter, können vor dem auf der Piste Liegenden nach rechts ausweichen. In diesem Moment richtet sich Uncini aber, anscheinend noch unverletzt, auf: Er will nach links weg. Unterdessen war der Australier Wayne Gardner heran. Er konnte Uncini wahrscheinlich gar nicht sehen: Der Dreierpulk verdeckte ihn. Von Gardners rechtem Lenkerende wird der Italiener am Kopf getroffen, sein Helm fliegt fort, und nach mehreren Überschlägen bleibt er am Pistenrand liegen. Sein australischer Konkurrent segelt nach dem Aufprall zwanzig Meter durch die Luft. Als er den bewußtlosen Uncini sieht, erleidet er einen schweren Nervenschock. Es fehlten in der Tat nur wenige Zentimeter, und der andere hätte den Aufprall nicht überlebt. An der Unfallstelle wurde Schlimmeres vermutet, als sich später im Krankenhaus herausstellte. Franco Uncini konnte schon zwei Wochen später nach Hause entlassen werden. Aber für ihn war die Saison auf dem Motorrad zu Ende.
In spektakuläre Unfälle war der Italiener schon einige Male verwickelt. 1977 auf dem Salzburgring löst er durch einen Sturz eine Massenkarambolage aus. Johnny Cecotto und Norman Brown wurden dabei schwer, Patrick Fernandez lebensgefährlich verletzt, der Schweizer Hans Stadelmann getötet. 1982 schießt er auf dem Hockenheimring Freddie Spencer von hinten aus dem Sattel und bringt ihn um den schon greifbar nahen Vize-Titel.
Franco Uncini gehört im Fahrerfeld zu den Außenseitern. 1974 gab er sein Studium auf, weil ihm Motorradfahren besser gefiel. »Ich habe mich zwar nie für Rennen interessiert und eigentlich nur aus Spaß damit angefangen. Als ich aber merkte, daß ich sofort sehr schnell war und mithalten konnte, blieb ich dabei — obwohl meine Eltern ganz gegen dieses Hobby waren.«
1975 wird Uncini italienischer Juniorenmeister, 1976 italienischer Meister auf Ducati und 1977 Zweiter in der Weltmeisterschaft auf einer 250er Harley Davidson. Finanzielle Probleme gab es für den Südländer noch nie.

Beim Samstags-Training in Assen hatte Uncini noch Hoffnung, ein zweites Mal Weltmeister zu werden. Hier hinter Raymond Roche.

Während manche seiner Konkurrenten schon einmal wegen einer kaputten Kurbelwelle Kohldampf schieben müssen, ist es für Vater Uncini mit seiner gutgehenden Fabrik für Elektronikorgeln eine Kleinigkeit, seinem Sohn eine komplette Rennmaschine auf silbernem Tablett servieren zu lassen. Lange bevor Uncini zum hochbezahlten Werksfahrer aufstieg, wurde er

Am Start zum Grand Prix im Hockenheim: Franco Uncini und Berry Sheene zeigen auch hier ihre freundschaftliche Verbundenheit.

schon als Mister Unbekannt wie ein Star betreut. Damit sollen freilich seine fahrerischen Qualitäten nicht in Zweifel gezogen werden: Das magere Leichtgewicht von wenig mehr als 60 Kilo beherrscht eine bullige Halblitermaschine exzellent, obwohl es wahrscheinlich als Jockei im Sattel eines Rennpferdes eine bessere Figur machen würde. Doch war für Uncini im Rennsport vieles ein Kinderspiel, was sich andere mühsam unter harten finanziellen Opfern erkämpfen mußten. So hat er sich zum Beispiel mit einer Top-Maschine in der 500er Klasse selbst eingekauft. Er bringt —unerlaubt — mit den 1000 Watt seines CB-Funkgeräts den Äther durcheinander, während sich gesetzestreue Amateure mit ein bis zwei Watt begnügen müssen. Und solange deutsche Playboys Ferrari oder Lamborghini bevorzugen leistet sich Uncini als Ausgleich einen Italo-Exoten, den Mercedes 500 SE.

Die Erfolgsbilanz des Italieners: 1978 auf Yamaha in der 250er Klasse Achter, 1979 in der Königsklasse Fünfter auf Suzuki, 1976 mit einer 350er Yamaha Neunter, dann dreimal auf Suzuki wieder in der Königsklasse, 1980 Vierter, 1982 Weltmeister und 1983, punktgleich mit Ron Haslam, Achter. Insgesamt gewann er sieben Grand Prix. Franco Uncini ist verheiratet und hat eine Tochter.

Raymond Roche

Im Fußball würde man ihn einen unauffälligen Mittelfeldspieler nennen. Auf dem Motorrad gehört Raymond Roche zu jenen, die nur selten ganz vorn liegen, sich aber auf den Plätzen stets interessante Positionskämpfe liefern. Das ist zusätzliche Würze für jedes Rennen. Einen dicken Erfolg hat der Franzose 1983 allerdings eingeheimst: Zusammen mit Guy Bertin und Dominique Sarron gewann er das legendäre Bol-d'Or-Rennen — und das bedeutet, im Dreier-Team, immerhin 3613 Kilometer Hetzjagd um den nicht

Im Ausgang der Schikane kurz vor Start und Ziel in Imola steigt hier Virginio Ferrari elegant ab und versucht — auf dem Hintern rutschend — seine neue Cagiva wieder einzufangen.

einfachen Kurs Paul Ricard in Südfrankreich. Roche, Jahrgang 1957, steht in Diensten von Honda und ist im Endurance-Sport schon einige Jahre dabei. Der eher kleine, stämmige Mann, der wie ein Preisboxer aussieht, gewann schon 1981 zusammen mit seinem Landsmann Jean Lafond die Langstrecken-Weltmeisterschaft. Im Grand-Prix-Sport ist er noch nicht so spektakulär in Erscheinung getreten. Ein elfter WM-Platz in der 250er Klasse 1978 auf Yamaha und (jetzt auf Honda) der 10. Rang der 500er WM 1983, dazwischen auf Yamaha Achter in der Formel 750 — das ist die bisherige Ausbeute.

Carlos Lavado

Jahrelang war er von schweren Stürzen ›geplagt‹ und von vielen Profi-Kollegen deshalb gefürchtet. Erst das Jahr 1983 brachte Carlos Lavado den langersehnten Triumph: die Weltmeisterschaft. In Caracas (Venezuela) 1956 geboren, studierte er dort auf der Universität drei Semester Maschinenbau. In dieser Zeit schaute er sich häufig Motorradrennen an, weil ein Freund von ihm zu den Fahrern gehörte. Dabei bekam er Kontakt zu seinem großen Vorbild Johnny Cecotto. Von ihm animiert, gibt er 1976 sein Studium auf und wird Rennfahrer. Am Anfang hatte Lavado große finanzielle Schwierigkeiten, weil er in Venezuela keinen Sponsor fand; die einzige Unterstützung kam von seiner Familie. Seine Lehrzeit auf dem Motorrad absolvierte er gleich auf Rennpisten. Nach seiner Meinung war das einer der Hauptgründe, weshalb er ständig herunterfiel. Aber es hatte auch psychologische Ursachen: Carlos ist ein wenig abergläubisch und von Stimmungen abhängig. Wahrscheinlich hätte Lavado deshalb schon bald wieder mit der Rennerei aufgehört, wenn er nicht vorher beim venezolanischen Grand Prix 1978 in San Carlos gestartet wäre. Nach vier nationalen Rennen auf mehr oder weniger lahmen Maschinen bekam er von Veno-Motors für seinen ersten Weltmeisterschaftslauf eine schnelle 250er. Damit sorgte er für eine Sensation: Er wurde nicht nur Trainingsschnellster, sondern lag lange Zeit auch im Rennen an der Spitze und beendete es nach hartem Kampf als Zweiter hinter Kenny Roberts, der damals auch noch in der kleineren Klasse fuhr. Keiner hätte dem völlig unbekannten Nachwuchsfahrer aus Südamerika eine solche Leistung zugetraut. Nach diesem Erfolg glaubte er, wie er selbst sagt, nun gehe es fröhlich so weiter. Aber diese Überheblichkeit wurde ihm mehr als einmal zum Verhängnis. San Carlos 1979, Assen 1980, Buenos Aires, Jarama und Brünn 1982 sahen ihn zwar als Grand-Prix-Sieger. Aber noch mehr machte er in dieser Zeit als ›Sturzkönig‹ von sich reden. Die erste Ruhmestat in San Carlos war ihm so zu Kopf gestiegen, daß er ständig mit vollem Risiko fuhr und dabei total vergaß, seinen Kopf zu benutzen. 1982 holt er in Rijeka Toni Mang von der Maschine — angeb-

Letzter Handkuß vor dem Start in Assen. Carlos Lavado verabschiedet sich von seiner bildhübschen Freundin.

lich, weil seine Bremsen versagten, fährt er ihm in der ersten Linkskurve nach Start und Ziel ins Hinterrad. Beide stürzen. Lavado bleibt unverletzt, Mang holt sich eine böse Schürfwunde am Fuß, die ihn noch lange schmerzhaft an Lavados Abschuß erinnert. Drei Rennen später, in Mugello, folgt wieder eine Meisterleistung der Sturztechnik. Daß es Mang vorzog, die Nähe des Venezolaners nach der Erfahrung von Rijeka möglichst zu meiden, ist verständlich. In Mugello wird er seinen Schatten Lavado nach harten Rad-an-Rad-Kämpfen aber erst los, als der Mann aus Caracas in der drittletzten Runde wieder einmal wie ein Traumtänzer am Gasgriff dreht. Seine Yamaha wehrt sich dagegen und stellt sich ausbrechend einen Moment lang quer. Lavado, nicht ganz fliehkraftfest, verläßt in hohem Bogen die Sitzbank und macht unsanft Bekanntschaft mit dem steinigen Boden der Toskana. Mit mehreren Arm- und Beinbrüchen wird er aufgesammelt, das Krankenhaus wird für ihn ein paar Monate zur Endstation. Dieser letzte schwere Crash schien bei Lavado freilich eine Sinnesänderung bewirkt zu haben. Im Rennjahr 1983 fuhr er nämlich mit viel weniger Risiko, dafür aber mit mehr Köpfchen. Der Erfolg blieb nicht aus. Bei keinem Grand Prix stieg er mehr unfreiwillig ab. Die ersten beiden Läufe

So mögen ihn seine Fans — der neue Weltmeister Lavado in Anderstorp.

bescheren Lavado zwar nur einen siebten Platz und einen Ausfall, aber das bringt ihn nicht mehr wie früher aus der Ruhe. Er beginnt danach fleißig Punkte zu sammeln, gewinnt in Monza, Hockenheim, Rijeka und Assen und wird in Spa und Anderstorp Dritter. Im Endstand der WM-Wertung stehen 100 Punkte auf seinem Konto, 27 mehr als beim Zweiten, Christian Sarron. Kein knapper Sieg, sondern ein strammer Erfolg, auf den Lavado stolz sein kann. Er gibt dem sympathischen, stets zu lustigen Streichen aufgelegten Venezolaner sicher eine Menge Aufwind. Hoffentlich aber nicht zuviel, denn 1984 muß er sich wieder mit seinem Erzrivalen Toni Mang herumschlagen.

Christian Sarron

Von Carlos Lavado könnte man glauben, zumindest einer seiner Vorfahren habe die Karibik als Seeräuber unsicher gemacht. Christian Sarron dagegen sieht eher so aus, wie man sich den wohlerzogenen Sohn eines Professors vorstellt. Ein Fremder würde hinter diesem charmanten, gutaussehenden Franzosen kaum einen harten Rennprofi vermuten. Er wurde am 27. März 1955, im Sternzeichen des Widder, in Clermont-Ferrand geboren. Die Astrologie bescheinigt Widder-Männern Stolz, Selbstbewußtsein und Erfolgswillen. Sarron ist zumindest in einem Punkt ein würdiger Vertreter dieser Gruppe. Das beweißt seine Antwort auf die Frage, ob er Angst vor Unfällen habe. »Bevor ich mit der Rennfahrerei begann, fuhr ich mit dem Motorrad auf der Straße. Das empfand ich als zu gefährlich. Ich kam nämlich oft völlig schuldlos durch Autofahrer in Situationen, in denen nur Glück, vielleicht auch meine Geschicklichkeit Unfälle verhinderte. Und da ich sehr gern Motorrad fahre, habe ich mir gedacht: Was macht das für einen Unterschied, wenn ich Rennfahrer werde? Gefährlich ist beides, aber so habe ich die Chance, mit dem Motorradfahren sogar Geld zu verdienen und bekannt zu werden. Ich habe diesen Entschluß bisher auch noch nie bereut. Das Geld, das ich als Rennfahrer verdiene, reicht aus, um ein Leben zu führen, das mir Spaß macht. Ich bin unabhängig, kann viel reisen und lerne interessante Menschen kennen. Ich bin zwar auf der Piste gewiß schon über fünfzigmal gestürzt und weiß also, welches Risiko ich eingehe. Trotzdem fahre ich gern Rennen, weil ich mir ein Leben ohne Risiko nicht mehr vorstellen kann. Ich finde, dadurch lebt man intensiver, und das mag ich. Etwas Angst habe ich vor jedem Rennen. Aber das ist mehr die Furcht vor einem schlechten Resultat als vor einem Unfall. Schlechte Plätze sind für mich Wunden an der Seele; die behalte ich während der ganzen Saison. Dagegen belastet mich eine körperliche Verletzung weniger. Ich vergesse sie, wenn es nicht mehr weh tut. Außerdem ist es völlig egal, ob man im Rennen schnell oder langsam ist, Unfälle kann man immer haben. Deshalb versuche ich stets, so schnell wie möglich zu sein, um einen der vorderen

In der Schikane auf dem Salzburgring geht Sarron (10), zwischen Herweh (19) und Lavado (5) durchbrausend, wieder einmal kurz in Führung. Am Schluß wurde er hinter Herweh, de Radigues und Espié Vierter.

Plätze zu erreichen. Die Saison 1983 habe ich besonders genossen. Die Leistungen der Maschinen lagen nicht weit auseinander, und es gibt zur Zeit in der 250er Klasse mehr als zehn Fahrer, die mit der richtigen Maschine gewinnen können. Das machte die Konkurrenz sehr interessant, und es gab harte Kämpfe. Ich hatte ein gutes Motorrad. Das war für mich eine große Hilfe, die Vizeweltmeisterschaft zu gewinnen. Denn ein gutes Motorrad macht auch den Fahrer besser.«

Bis auf 50er und 125er Maschinen hat Sarron schon alles gefahren. Als seinen größten Erfolg bezeichnet er die Vizeweltmeisterschaft 1977 in der Formel 750 hinter Steve Baker. Er gewann sie auf einer Serienmaschine, während alle anderen Fahrer bis zum zehnten Platz Werksmotorräder hatten. 1978 wurde er in dieser Klasse noch einmal Dritter in der WM-Wertung. Sarron mag auch 24-Stunden-Rennen, die sein Bruder Dominique ebenfalls fährt. 1979 holte er sich freilich bei einem schweren Sturz drei Rückenwirbelbrüche, und 1980, gleich am Anfang der Saison, war der nächste Sturz mit einem komplizierten Handbruch fällig. Dieser Ausrutscher zwang ihn, das ganze Jahr zu pausieren. 1981 versuchte er es mit einer 500er Production-Yamaha. Er merkte aber bald, daß er damit keine Chancen hatte. 1982 fuhr er wieder in den kleineren Klassen, wurde Zehnter in der 250er und Achter in der 350-cm^3-Klasse. 1983 fängt für ihn nicht gut an. In

Kyalami reißt ihm, als er an zweiter Stelle liegt, das Gasseil. In Le Mans ist er zwar Trainingsschnellster, muß aber im Rennen wegen Kerzendefekt aufgeben. Monza wird nicht nur für ihn, sondern auch für Christian Estrosi zu einem schwarzen Tag: Sarron holt erst den Konkurrenten von der Maschine und verabschiedet sich nach dieser Glanzleistung ebenfalls ins Gelände. Nach dieser Pechsträhne hatte Sarron die Hoffnung auf eine gute WM-Placierung schon fast aufgegeben. Erst durch den siebten Platz in Hockenheim wurde sein Selbstvertrauen wieder etwas gestärkt. Die weiteren Plätze: In Jarama Zweiter, in Salzburg Vierter und in Rijeka wieder Zweiter. Mit dieser Punktesammlung rückte er in der WM-Wertung an die 4. Stelle. Assen wird, wie schon Monza, zu einer Enttäuschung: Er stürzte gleich in der ersten Runde. Spa bringt ihn durch einen weiteren zweiten Platz ein gutes Stück nach vorn. In Silverstone wird er Vierter, und als Krönung gewinnt er den letzten Lauf in Anderstorp. Durch diesen Sieg konnte er den harten Kampf um den Vizetitel gegen Didier de Radigues und Hervé Guilleaux mit fünf Punkten Vorsprung zu seinen Gunsten entscheiden. Sein Hauptwunsch für die kommende Saison: Er möchte weniger Probleme beim Start haben. Denn meist steht er in der ersten Reihe, kommt aber als Letzter weg.

Didier de Radigues

Er ist, genau wie Christian Sarron, am 27. März als Widder geboren. Der 25jährige Belgier ist in Brüssel zu Hause. Während seiner Studienzeit, als er sich in Sprachen versuchte, fuhr er gelegentlich nationale Rennen in der 50er Klasse. Seine Leistungen dort waren aber stets besser als auf der Schulbank. Deshalb entschloß er sich, das Studium an den Nagel zu hängen und die Uni mit der Rennpiste zu vertauschen. Sein Vater reagierte sauer: Er drohte jede finanzielle Unterstützung zu streichen, falls sein motorradbegeisterter Sprößling bei seiner Entscheidung bleiben sollte. Radigues blieb dabei, verließ die

Kurz vor dem Start auf dem Hockenheimring: Radigues (6), Wimmer (4) und Lavado (5). In der nächsten Startreihe steht Herweh mit der Nummer 19.

elterliche Schutzburg und hatte zwei Jahre lang schwer zu kämpfen, um sich finanziell einigermaßen über Wasser zu halten. So fuhr er in dieser Zeit einmal nach England zu einem Rennen und hatte gerade genug Franc, um hinzukommen. Daß Belgien ihn doch wiedersah, war dem Umstand zu verdanken, daß er beim Rennen das Geld für die Rückreise gewann.

Letzte Verschnaufpause kurz vor dem Öffnen des Tors zum Startplatz.

Der Sonnyboy de Radigues, immer zu Blödeleien aufgelegt, ist freilich sehr abergläubisch. Das kommt, wie er fest glaubt, von mystischen Erlebnissen, die er in den vergangenen Jahren hatte. Er meint zwar, das habe sich in der letzten Zeit etwas gebessert. Aber mit der Startnummer 13 möchte er auch in Zukunft nicht fahren. Durch seine Anfangserfolge, und weil es in Belgien kaum Straßenrennfahrer gab, wurden Sponsoren auf Radigues aufmerksam. Damit ging auch seine finanzielle Durststrecke zu Ende. Seine guten Resultate — neben anderen Erfolgen war er dreimal belgischer Meister — haben inzwischen auch die Spannungen mit seinem Vater aus der Welt geschafft. Seit zwei Jahren fährt er die 250er Chevallier, vorher war es eine Produktion-Yamaha. In der 500er Klasse, wo er bisher erfolglos in der WM mitmischt, sitzt er auf einer Honda.
Im August 1980 stürzt in Silverstone sein Vorbild und Freund Patrick Pons und wird vom nachfolgenden Michel Rougerie überfahren. Pons, 1979 Weltmeister der 750er Klasse und 1980 Gewinner der 200 Meilen von Daytona, stirbt einige Tage später an schweren Kopfverletzungen. Wenige Monate vorher war Olivier Chevallier, der Bruder von Elf-Teamchef Alain Chevallier, bei einem Rennunfall ums Leben gekommen. Auch mit ihm war Radigues eng befreundet. Der Tod dieser beiden französischen Spitzenfahrer traf ihn hart. Eine Zeitlang trug er sich mit dem Gedanken, die Rennfahrerei ganz aufzugeben. Seine eigenen Stürze stören ihn viel weniger als Unfälle von Freunden. Er weiß auch gar nicht genau, wie oft er schon mit Vollgas abgestiegen ist. Aus dem Jahr 1982 ist ihm Jarama in schmerzlicher Erinnerung. Dort stürzte vor ihm Baldé, der in Führung lag. »Mit einer gewissen Schadenfreude glaubte ich, daß Baldés Sturz der gerechte Ausgleich war für seine Gemeinheit beim Grand Prix von Frankreich. Dort hatte er einem Fahrerboykott wegen der miserablen Strecke in Nogaro zugestimmt, aber sein Versprechen später, als Toni Mang sogar schon abgereist war, wieder gebrochen. Er ging in beiden Rennen an den Start und wurde ohne große Konkurrenz in der 250er Klasse Zweiter und bei den 350ern Erster. In meiner Hochstimmung über seinen Ausfall gab ich wahrscheinlich zuviel Gas und lag kurze Zeit später mit gebrochenem Fuß, und auch sonst stark verbeult, selber im Dreck.« Im gleichen Jahr erwischte es Radigues in Assen mit einem Schlüsselbeinbruch, seinem bisher letzten Knochencrash. Daß der Belgier im Kommen ist, zeigt seine WM-Erfolgsbilanz der letzten Jahre: 1980 acht Punkte, 1981 neunter Platz in der 250er und zehn Punkte in der 350er Klasse, 1982 sechster Platz in der 250er und Vizeweltmeister in der 350er Klasse, 1983 dritter Platz in der Viertelliter-Konkurrenz.

Hervé Guilleux

Er ist in Le Mans, einer Hochburg des Motorsports, geboren und auch dort aufgewachsen. Da ist es nicht erstaunlich, daß Hervé Guilleux schon sehr früh von allem fasziniert war, was mit Rennfahrern und der Strecke zu tun hatte. Von da bis zum Wunsch, selbst aktiv zu werden, war es nur ein kleiner Schritt. Am Anfang zog es ihn mehr zu Autos, mit denen er leidenschaftlich gern um den Kurs gejagt wäre. Zu seinem Leidwesen hätte er damit aber bis zum 18. Lebensjahr warten müssen. Auf zwei Rädern bot sich ihm die Möglichkeit zum Rennfahren aber schon mit sechzehn, und so kam er zum Motorradsport. Seine ersten Erfahrungen sammelte er mit zwölf Jahren auf einer 50-cm^3-Maschine, und der Führerschein war dann später kein Problem mehr. Um Geld für seinen ersten Einstieg zu bekommen, besorgte er sich billig eine Crash-Maschine, machte sie in Heimarbeit wieder topfit und verkaufte sie mit gutem Gewinn an den Meistbietenden. Dann legte er los und wurde mit siebzehn Zweiter im Kawasaki-Cup.

Sein Entschluß, Rennfahrer zu werden, war am Beginn seiner Karriere nicht vom Geldverdienen bestimmt. Ihn zog nur das schnelle Fahren an. Geld hätte er auch auf andere Art machen können: Sein Vater war Arzt, und es gab für ihn keine Hindernisse, zu studieren, um vielleicht ebenfalls Mediziner oder Rechtsanwalt zu werden. Er wollte aber nicht ein Leben wie sein Vater führen — das reizte ihn überhaupt nicht. Von 1975 bis 81 fuhr Guilleux eigentlich immer nur ›so mit‹. Er wird immerhin bei den französischen Meisterschaften zweimal Zweiter und ebenso oft Dritter. In der Weltmeisterschaft erscheint er das erste Mal als Dreizehnter in der Wertung, 1980 beim Grand Prix in Assen auf einer 350er BUT. 1981 belegt er in der 250er Klasse den 20. Platz. Im Jahr darauf geht ihm wegen eines Motorschadens auf dem Nürburgring die Endurance-Weltmeisterschaft durch die Lappen. Er wird zusammen mit Jean Lafond auf einer Kawasaki Zweiter vor Jean-Claude Chemarin und Jacques Cornu. Dieser Vizetitel war sein erster großer Erfolg. 1983 geht er mit einer 250er Kawasaki an den Start, und gleich beim ersten Rennen in Kyalami sorgt er für einen kleinen Skan-

Guilleaux hatte schon einige Kolbenklemmer, deshalb der vorsichtige Finger an der Kupplung.

dal. Etwa zur Mitte des Rennens begann in der Spitzengruppe ein erbitterter Kampf um die Plätze zwischen den beiden Chevallier-Piloten Jean-Francois Baldé und Didier de Radigues. Dritter im Bunde war Guilleux. In der letzten Runde, kurz vor dem Ziel, kam es dann zu einer spektakulären Hetzjagd. Guilleux führte, Baldé, wie ein Tiger vor dem Sprung, wartete dicht hinter ihm auf seine Chance. Fast schon im Zieleinlauf fegt er an Guilleux vorbei, und auch de Radigues versucht es mit haarsträubend geringem Seitenabstand. Guilleux, den sicheren Sieg schon vor Augen, sieht sich plötzlich in die dritte Position gedrängt, verliert die Nerven und tritt mehrmals mit dem rechten Fuß nach de Radigues. Der riskiert alles, sogar eine Berührung, und bleibt hautnah neben Guilleux. Nur ganz knapp, es mögen 10 bis 15 Zentimeter gewesen sein, geht Radigues vor Guilleux als Zweiter durchs Ziel. Wären die beiden Kampfhähne nicht nach dem Abstellen der Maschine mit sanfter Gewalt getrennt worden, hätte es sicher noch eine ausgewachsene Rauferei gegeben. Den immer fairen Guilleux muß das gewagte Überholmanöver von de Radigues enorm genervt haben, sonst wäre er gewiß nicht so aus der Rolle gefallen.
Beim nächsten Rennen in Le Mans, seiner Heimatstadt, erwartet ihn eine

große Enttäuschung. Er stürzt nicht nur mehrmals im Training, sondern kann sich wegen Reifenproblemen schließlich nicht einmal qualifizieren. Gerade von diesem Rennen hatte er sich viel versprochen — und nun mußte er zuschauen. In Monza läuft es etwas besser, er geht als Sechster durchs Ziel. In Hockenheim reicht es aber nur zum zwölften Platz. Dort hatte er aber noch nie Glück. Die Deutsche Strecke mag er auch aus einem anderen Grund nicht: Er fährt lieber auf Pisten mit vielen Kurven, wie in Assen oder Jarama. Auf dem Circuit Jarama in Madrid holt er sich dann auch seinen ersten und einzigen Grand-Prix-Sieg dieser Saison nach hartem Kampf mit de Radigues, dem in der 24. Runde das Getriebe kaputtgeht. Auf dem Salzburgring wird er wieder Sechster, in Rijeka erwischt es ihn schon in der vierten Runde mit Motorschaden, und in Assen kommt er

Alan Carter, der GP-Neuling und Überraschungssieger von Le Mans, gab in Assen eine Sondereinlage in Luftakrobatik mit nachfolgender Bodengymnastik. Hervé Guilleaux (nicht mehr im Bild) kam gerade noch an dem schon stürzenden Carter vorbei.

gerade noch an Alan Carter vorbei, der in der letzten Kurve vor Start und Ziel eine Kunstflugvorstellung gibt (siehe Foto). Sein dritter Platz im Rennen bringt ihn auch an die dritte Stelle der WM-Punktewertung. Silverstone wirft ihn durch einen Sturz wieder auf den fünften Platz zurück. In Anderstorp wird er hinter Sarron Zweiter und verbessert damit auch seinen Endstand in der WM, den vierten Platz. »Ich hatte ein gutes Motorrad, war ausgeglichen und nicht überarbeitet, es paßte alles. Dieser Erfolg hat mich aber auch in meiner Ansicht bestärkt, daß am Erfolg mit etwa 70 Prozent eine gute Maschine, mit 10 Prozent das Glück und mit 20 Prozent der Fahrer beteiligt sind.«
Fast klingt es paradox, daß ein Mann wie Guilleux, der schnelle Motorräder über alles liebt, von einem eigenen Segelboot träumt, mit dem er geruhsam von Land zu Land reisen kann. Wer ihn aber völlig vertieft beim Schachspiel beobachtet, mit ihm über technische Tüfteleien, Musik, Malerei oder andere Hobbys spricht, merkt mit Erstaunen, wie vielseitig und keinesfalls oberflächlich die Interessen des Franzosen sind. Einmal möchte er Weltmeister werden und dann vielleicht das Motorrad mit dem Segelboot vertauschen.

Thierry Espié

Außer Roberts, Mamola, Lawson oder Mang gibt es unter den Motorradrennfahrern noch viele Nikotinfeinde, die trotz ihrer Glimmstengel-Abstinenz Werbung für Zigaretten machen. Der kettenrauchende Brillenträger Thierry Espié ist den Sponsoren dieser Branche aber offenbar noch nicht aufgefallen. Als viel glaubwürdigere Reklamefigur hätten sie ihn sonst längst unter Vertrag genommen. Der 32jährige Franzose — Junggeselle aus Überzeugung — stieg mit sechzehn zum ersten Mal aufs Motorrad. Aber erst sieben Jahre spä-

Harte Kurvenkämpfe mit ständigen Positionswechseln in der Schikane auf dem Salzburgring.

ter, 1975, begann er nationale Rennen zu fahren. Der siebte Platz in Imatra 1977 auf einer 125er Motobécane ist der erste Erfolg für Espié in der Weltmeisterschaft. In den ersten Jahren stürzt er sehr oft. »Ich war meist zu schnell oder wollte aus anderen Gründen mit dem Kopf durch die Wand. Und immer erst, wenn ich auf der Nase lag, wurde mir klar, wie dumm ich mich verhalten hatte.«

1978 erwischte es ihn mit einem Sturz in Nogaro, und auch sonst läuft es nicht gerade gut. Aber es reicht doch, um auf Motobécane in der 125er Klasse immerhin Fünfter in der WM zu werden. Nach seinem Umstieg auf die 250er Yamaha rückt er 1980 auf den viertbesten Platz vor und fällt 1981 auf den elften zurück, kann aber in der 350er Klasse die Saison mit dem siebten Rang beenden. Im darauffolgenden Jahr wechselt er von Yamaha auf Pernod (250) und Chevallier (350). Es kommt aber nicht viel mehr dabei heraus als der bis heute noch nicht gebrochene Rekord der 250er Klasse auf dem Hockenheimring. 1983 sieht man ihn auf einer 250er Chevallier. Seine besten Placierungen gelingen ihm in Spa (Vierter), Salzburg (Dritter), Monza und Silverstone (Zweiter). Mit England versöhnt ihn das wieder

etwas: Zwei Jahre zuvor hatte er in Silverstone den schwersten Sturz seiner Laufbahn — durch einen technischen Defekt.
Espié hofft, daß sein fünfter Platz 1983 das Sprungbrett ist, um von Chevallier für die kommende Saison einen Werksvertrag zu bekommen. Das würde seine Finanzen endlich aufbessern, denn bisher mußte er sich oft aus eigenen Mitteln sponsern. Früher verdiente der Franzose als Kraftfahrer seine Brötchen; er wurde also nicht, wie einige seiner Rennfahrerkollegen, mit einem silbernen Löffel im Mund geboren. Eisern ist er seinem Traumsport treu geblieben, obwohl er dabei fast immer nur von der Hand in den Mund lebte. Da befindet er sich in guter Gesellschaft: Viele Motorradrennfahrer gehören, wie er, nicht zu den Top-Stars mit Riesengagen, sorgen aber im Mittelfeld durch ihren kämpferischen Einsatz für Spannung. Ohne sie wären, aus der Zuschauerperspektive betrachtet, die meisten Rennen nur noch halb soviel wert. Darüber sollten die Veranstalter beim Festsetzen von Start- und Preisgeldern einmal gründlich nachdenken.

Martin Wimmer

Es begann wie eine Bilderbuch-Karriere. Nach einigen mißglückten Vorversuchen gewinnt Martin Wimmer 1978 den Yamaha-Cup und als Preis von der Firma Mitsui eine Rennmaschine. Mit ihr wird er 1979 Deutscher Meister bei den Junioren. Mit einem Importeursvertrag in der Tasche fährt Wimmer von 1980 an in den Klassen 250 und 350 Kubik um die Deutsche Meisterschaft. Seine Ergebnisse bis 1983: zweimal Deutscher Meister, zweimal Vize, ein dritter und zwei vierte Plätze. Dabei hätte Martin Wimmer eigentlich schon mit 17 Jahren von Zweirädern genug haben müssen. Wie gefährlich das Leben auf einem solchen Vehikel sein kann, wurde ihm äußerst schmerzhaft von einem alkoholisierten Autofahrer klargemacht: Der Bacchusjünger nahm Martin samt seinem Moped frontal auf die Hörner, und da Knochen weicher sind als Stahl, blieb der junge Münchner mit offenem Oberschenkelbruch auf der Strecke. Schuldlos wie er war, sah Wimmer

Halb im Gebüsch — Martin Wimmer in Anderstorp.

darin keinen Grund, aufs Moped zu verzichten. Mit Achtzehn vertauscht er es gegen eine schnelle 250er. Auf öffentlichen Straßen wurde ihm aber das Motorradfahren bald zu riskant. Zu häufig kam er in Versuchung, die Tachonadel immer höher klettern zu lassen. Um ungestraft Dampf ablassen zu können, bewarb er sich für ein Bergrennen und belegte mit einer normalen Straßenmaschine den 17. Platz. 1981 fährt er zum ersten Mal Grand Prix, also im großen Erfolgsjahr von Toni Mang, der bis heute sein Vorbild ist. Im Schatten Mangs fällt Wimmers achter WM-Rang zwar angenehm auf. Über die Grenzen hinaus macht er aber erst Schlagzeilen mit seinem Sieg 1982 in Silverstone. Wegen eines verpatzten Starts in der 350er Klasse kommt Wimmer als Letzter weg, doch nach einer wilden Aufholjagd liegt er in der 17. Runde schon auf Platz 5. Beim Versuch, zur Spitzengruppe aufzuschließen, wird er abgedrängt, und stürzt. Im nachfolgenden 250er Rennen kann er, wie schon vorher in der 350er Klasse, als Trainingsschnellster aus der Pole-Position starten, kämpft vier Fahrer nieder und gewinnt vor Toni Mang und Jean-Louis Tournadre. Damit schafft Wimmer den Durchbruch zur Weltelite. Als er dann in der WM noch Vierter wurde, sprach man von ihm schon in den höchsten Tönen als Toni Mangs Nachfolger. Ob das Vorschußlorbeeren waren, wird sich noch erweisen.

1983 war Martin Wimmer in der WM vom Pech verfolgt. Verletzungen durch Trainingsstürze in Jarama und Assen machten ihm bis ans Ende der Saison zu schaffen. Außerdem hatte er häufig technische Schwierigkeiten, seine Maschinen liefen nie ganz nach Wunsch. Nicht zuletzt war daran die Experimentierfreude seines Schraubers schuld. Von ihm hat sich Wimmer dann auch mitten in der Saison getrennt. Der sechste Platz des Münchners 1983 läßt hoffen, daß es in der kommenden Saison ohne Mechaniker-Eigenwilligkeiten noch besser läuft. Das Können bringt Wimmer gewiß mit.

Manfred Herweh

Beim letzten WM-Lauf der 350er Klasse 1982 in Hockenheim wird Toni Mang zum lebenslangen Weltmeister dieser Klasse. Aber auch ein anderer deutscher Fahrer kann dort seinen bisher größten Erfolg verbuchen: Manfred Herweh aus Lampertheim in Hessen, ein bis dahin im Grand-Prix-Sport völlig unbeschriebenes Blatt. Der 29jährige Elektroniker beendete vor Toni Mang das Rennen als Sieger. Begünstigt wurde dieser Erfolg vom schlechten Start des Bayern und von einem Kerzendefekt, der den führenden Didier de Radigues auf Platz 13 zurückwarf. Auch Martin Wimmer hatte sich in der neunten Runde mit Motordefekt verabschiedet. Überschwenglich gefeiert, sonnte sich Herweh sichtlich stolz in diesem unerwarteten Erfolg. Irgendwie muß das fahrerisch bei ihm einen Knoten zum Platzen gebracht haben: In der Saison 1983 wird er beim ersten Rennen in Kyalami auf seiner von der Supermarktkette Massa gesponserten 250er Real Sechster, Monza und Rijeka sieht ihn als Dritten auf der Treppe, und in Salzburg holt er sich seinen zweiten Grand-Prix-Sieg. In rundenlangen Rad-an-Rad-Kämpfen hatte der Hesse dabei gezeigt, daß er auch ohne begünstigende Umstände Spitzenfahrer wie Christian Sarron, Thierry Espié oder Didier de Radigues schlagen kann. Nach Rijeka lief es dann aber nur noch in der falschen Richtung. Bei einem Sturz in Assen fällt Herweh

Manfred Herweh, der spätere Sieger auf dem Salzburgring, noch in dritter Position liegend (19) hinter Sarron (10) und Guilleux (47).

heftig auf den Kopf. Aber dank deutscher Qualitätsarbeit der Firma Römer bleibt nicht nur sein Helm heil; auch das, was sich darunter befindet, nimmt keinen Schaden. Daß der Lampertheimer nicht an Minderwertigkeitskomplexen leidet, beweist er durch viele markige Sprüche. Dieses ausgeprägte Selbstbewußtsein bekam indes einen starken Dämpfer, als er in Spa wieder den Boden aufsuchte. Drei Wochen später, beim freien Training in Silverstone, beendet ein dritter Sturz vorläufig seinen Senkrechtstart zur Weltelite. Mit einem Bruch des Ellenbogens und einer beschädigten kleinen Fußzehe, die nach dem Unfall amputiert werden mußte, kam er davon. Doch die Saison 1983 war für ihn gelaufen. Immerhin erreichte Herweh in der WM aber noch den beachtlichen siebten Platz. Das kommende Rennjahr wird zeigen, ob er zu seiner Form von Anfang 1983 zurückfindet oder, durch seine Sturzserie demoralisiert, etwas an Elan verloren hat. Das wäre schade, denn der deutsche Rennsport ist nicht gerade mit Weltspitze-Fahrern gesegnet. Einen guten Namen hat sich Manfred Herweh auch als Mechaniker gemacht. Eigenhändig hat er für viele Verbesserungen an seinen Maschinen gesorgt.

Jean-Francois Baldé

Immer, wenn der Franzose Jean-Francois Baldé zum Sturm auf die Bastille ansetzt, kommt ihm einer in die Quere. Drei Jahre lang gab sich Toni Mang die größte Mühe, seinen Konkurrenten vom Weltmeistertitel fernzuhalten. Endlich sah Baldé durch den Wechsel Mangs in die 500er Klasse einen Silberstreif am Horizont. Aber er hatte zu früh gehofft. Denn plötzlich machte Carlos Lavado, der Bruchpilot vom Dienst, eine Kehrtwendung: Er gewöhnte sich seine Untugenden ab und rückte nach dem Lauf in Hockenheim an die Spitze der WM-Wertung. Kyalami sah Baldé an erster Stelle, und bis Rijeka hatte er in der Weltmeisterschaft 32 Punkte gesammelt. Vor dem Start in Assen war für ihn die Welt noch in Ordnung; vier Rennen mußten noch gefahren werden, und als Fünfter im Zwischenklassement hatte er durchaus noch Titelchancen. Ein Landsmann und Freund Lavados, der venezolanische Kamikaze Ivan Palazzese, ließ allerdings Baldés Bäume nicht in den Himmel wachsen. In völlig falsch verstandenem Teamgeist ging er frisch ans Werk, um Lavado den Rücken freizuhalten: In der letzten Runde rempelt er in einer 200 km/h schnellen Linkskurve den an dritter Position liegende Baldé regelwidrig von der Maschine. Baldé muß ins Gras, schleudert noch in einen Wassergraben und fliegt in weitem Bogen von der Maschine. Dabei holt er sich eine schwere Knieverletzung. Der Missetäter Palazzese dagegen fährt nach einigen Schlenkern weiter und wird Zweiter hinter Lavado. Der so geschundene Jean-Francois Baldé hat sich darüber mit bitteren Worten beklagt: »Motorradrennen sind sowieso schon gefährlich — da braucht's nicht noch Rabauken, die mit voller Absicht andere Fahrer rauswerfen. Nur mit solchen Mitteln können aber diese Leute gute Plätze erreichen. Leider kommt das in der letzten Zeit immer häufiger vor. Es wäre an der Zeit, daß die Veranstalter etwas dagegen tun.« Ohne diesen Sturz hätte Baldé gewiß einige Plätze weiter vorn als auf dem achten die WM 1983 beenden können. Sein Groll über die unsportliche Fahrweise Palazzeses ist deshalb verständlich. Viele Jahre fuhr er Kawasaki und stieg erst 1983 auf eine Chevallier um. Seine größten Erfolge in der WM: 1980 Dritter in der 250er und 350er Klasse, 1981 wieder Dritter mit 350 Kubik und Vize bei

Nach dem Start in Rijeka geht das Fahrerfeld der 250er Klasse noch geschlossen auf die Reise.

den 250ern. 1982 wird er nochmals Dritter in der 350er Klasse. Insgesamt hat er fünf Grand Prix gewonnen. In der nächsten Saison muß sich Baldé wieder mit seinem langjährigen Rivalen Toni Mang messen. Das wird sicher spannende Kämpfe geben. Der drahtige Franzose ist ein studierter Mann und begann 1966 schon Rennen zu fahren. In Frankreich wurde er bei Bol-d'Or-Rennen durch einen zweiten und zwei dritte Plätze bekannt.

Jacques Cornu

Es ist immer wieder erstaunlich, wie blitzschnell und elegant der 1,90-Meter-Mann Jacques Cornu die langen Beine auf seiner 250er Yamaha unterbringt. Zehn bis fünfzehn Kilo mehr als die meisten seiner Mitbewerber bringt er gewiß auf die Waage. Das ist für ihn ein Handikap: Der sympathische Holzfäller-Typ kann nur durch schnelleres Kurvenfahren wettmachen, was ihm auf der Geraden gegenüber seinen Kollegen mit Jockei-Figur fehlt. 1982 war er zusammen mit dem Franzosen Jean-Claude

Jacques Cornu im hautengen Kurvenkampf mit Alfonso Pons.

Chemarin Langstrecken-Weltmeister. Bei Endurance-Rennen startet Cornu aber nur, um sich Grand-Prix-Fahren finanziell leisten zu können. Der heute 31jährige mußte mit zwanzig auf einer 125er anfangen, weil er einfach keine große Maschine erschwingen konnte. Geldprobleme sind ihm bis heute treu geblieben. Daran scheitert auch sein größter Wunsch: endlich einmal mit einer wirklich guten Rennmaschine beweisen zu können, daß er auch bei Grand Prix das Zeug zum Weltmeister hat. Vielleicht liest das ein finanzkräftiger Sponsor und schaut sich Jacques Cornu einmal näher an. Daß der gelernte Automechaniker aus der französischen Schweiz schnelle Zweiräder pilotieren kann und eine ausgesprochene Kämpfernatur ist, hat er bei vielen Langstreckenrennen bewiesen — Wettbewerben, die unter Grand-Prix-Fahrern wegen ihrer Härte nicht gerade beliebt sind. Ehe Cornu Rennen fuhr, stieg er auf die Berge. Er muß immer etwas machen, was gefährlich ist. Der Wahlspruch, nach dem er lebt, ist bezeichnend für ihn: »Wenn man tot ist, gibt es keine Gefahr mehr. Im Leben aber überall. Und weil ich gern lebe, liebe ich auch die Gefahr.« Drachenfliegen reizt ihn neben Motorradfahren am meisten. Seine Sponsoren halten das aber für zu gefährlich und verbieten es in ihren Verträgen. Er will aber damit anfangen, wenn er eines Tages keine Rennen mehr fährt. Von 1980 bis 1982 belegte Cornu in der Weltmeisterschaft, stets auf Yamaha, in der 350er Klasse je einmal den achten, siebten und sechsten Platz. In der 250er Klasse wurde er einmal Achter. Auch 1983 reichte es, punktgleich mit Baldé, nur für Rang acht. Die Stetigkeit, mit der er seit 1980 immer wieder unter den ersten Zehn ist, weist ihn als einen gleichmäßig guten Fahrer aus. Vielleicht braucht er wirklich nur eine schnellere Maschine, um mit derselben Beständigkeit ganz vorn zu sein.

Patrick Fernandez

Patrick Fernandez ist ein Fahrerlager-Philosoph. Das traut man zwar einem Menschen nicht ohne weiteres zu, der im Rennfahrermilieu fast sein halbes Leben zugebracht hat. Aber besser als mancher Professor versteht es der 34jährige Franzose, hintergründig menschliche Probleme mit einfachen Worten verständlich zu machen. Es ist schon lange sein Hobby, über den Sinn des Lebens nachzudenken. Was dabei herauskommt, zeigt seine Selbstanalyse eines Unfalls. »Mein einziger Sturz in dieser Saison ist darauf zurückzuführen, daß ich mit einer neuen Maschine im Training sofort gute Zeiten fuhr. Aus diesem Grund konnte ich den Start zum Rennen gar nicht erwarten. Ich mußte allen zeigen, wie schnell ich sei. Durch dieses dumme Angebenwollen war ich so aufgeregt, daß ich den Start regelrecht verpaßte. Auf diesen Fehler reagierte ich noch dümmer: Schon in der ersten Runde wollte ich die verlorene Zeit wieder gutmachen. Wie ein Verrückter raste ich los und hatte auch bald die letzten fünf Fahrer überholt. In der nächsten Kurve lag ich dann auf der Nase. In meinem Enthusiasmus hatte ich nicht bemerkt, daß ich schon die ganze Zeit über meinem Limit fuhr. Man muß eben immer ruhiger werden, je schneller man fährt. Umgekehrt kommt nichts dabei heraus.« Patrick Fernandez gewann auf einem Kart mit neun Jahren sein erstes Rennen. 1968 qualifizierte er sich gemeinsam mit seinem Bruder für die französischen Kart-Meisterschaften. Er kommt aus einer Rennfahrerfamilie, denn auch sein Vater war in diesem Sport einige Jahre dabei. Die Familie wohnt in St. Tropez, nicht weit vom Rennkurs Paul

Patrick Fernandez (14) versucht in Anderstorp gerade Martin Wimmer (4) zu überholen.

Ricard. Dort konnte Fernandez schon lange, bevor er Berufsrennfahrer wurde, mit dem Motorrad trainieren. Von 1977 bis 1981 fuhr er in der Weltmeisterschaft auf Yamaha und war jedes Jahr unter den ersten Zehn: viermal Zehnter, zweimal Achter und Fünfter, einmal Vierter und einmal Dritter. 1979 hatte er seinen größten Erfolg mit der Vizeweltmeisterschaft in der 350er Klasse. 1982 wurde er auf einer 250er Bartol Neunter, und die letzte Saison schloß er mit der gleichen Maschine auf dem 10. Platz ab. Die Lieblingsstrecke von Fernandez ist Assen. Das könnte ein Kompliment für die Holländerinnen sein. »Ich vergleiche die Strecken immer mit Mädchen. Jede hat ihren eigenen Charakter, Positives und Negatives. Mädchen studiere ich, um zu wissen, wo ich aufpassen oder ruhig sein kann. Genauso mache ich es mit den Rennstrecken.« Seit Anfang 1983 wird er von dem Schauspieler Alain Delon gesponsert, mit dem er auch privat guten Kontakt hat. Wie jedes Jahr schon, seit er Rennen fährt, will er auch 1984 endlich Weltmeister werden. Klappt es nicht, nimmt es der sympathische Lebenskünstler auch nicht tragisch. »Das Leben ist einfach zu kurz, um sich aufzuregen oder unglücklich zu sein.« Recht hat er!

Angel Nieto

›El Toro‹, den Stier, nennen ihn seine Landsleute bewundernd. Durch seine vielen Siege und die unzähligen Storys, die man ihm nachsagt, ist der Spanier Angel Nieto fast schon zu einer Legende geworden. Mit seinen 39 Jahren ist er neben dem gleichaltrigen Lazzarini der ›Grand Old Man‹ im Show-Geschäft auf zwei Rädern. 25mal war er spanischer Meister, gewann 83 Grand Prix und wurde zwölfmal Weltmeister. Drei dieser begehrtesten Titel fehlen ihm noch, dann hätte er mit dem unangefochten führenden Renn-König Giacomo Agostini gleichgezogen. Ihn zu entthronen peilt Nieto seit Jahren verbissen an. Er möchte nicht nur als der letzte Herrenfahrer alter Schule in die Annalen eingehen. Noch mehr reizt ihn, Weltmeister der Weltmeister zu werden. Daß der stolze Spanier, dem Minderwertigkeitskomplexe fremd sind, in diese Richtung marschiert, hat mit der Bewunderung zu tun, die er für den Mann aus Lovere heute noch empfindet. »Agostini war für mich immer der absolute Pilot, ohne Fehl und Tadel.«

Rennbegeisterten Zuschauern wird Nieto also noch lange rundendrehend erhalten bleiben. 1984 will er freilich nur noch in der 250er Klasse starten, die ihm bei einigen Versuchen in der vergangenen Saison keinen Erfolg brachte. Sein angeborenes Showtalent zwingt ihn zu einem ständigen Katz- und Maus-Spiel mit seinen Gegnern. Wie ein Dompteur läßt er keine Gelegenheit aus, vor den Zuschauern zu brillieren. Ob er indes die Viertelliter-Piloten damit verunsichern kann, ist zweifelhaft. Versuchen wird er es jedenfalls: Sein Drang, im Rampenlicht zu stehen, läßt sich durch nichts bremsen. Mit den negativen Begleiterscheinungen dieser Veranlagung hat er die Kollegen seiner Klasse schon oft geärgert. Sich selbst übrigens auch, wenn er in regelmäßigen Anfällen von Selbstüberschätzung Maschinen souverän pilotieren wollte, die für den Leichtgewichtler Nieto (knapp über 50 Kilo) anscheinend doch eine Nummer zu groß waren. So verschrottete er 1982 eine nagelneue 500er Werks-Honda, nur weil er seinem heimischen Publikum zeigen wollte, daß er in Meistermanier alles fahren kann, was zwei Räder hat. Dabei ist diese Allround-Selbstdarstellung gar nicht notwendig. Niemand bezweifelt ernsthaft, daß er Maschinen der kleineren Klassen seit vielen Jahren weltmeisterlich beherrscht. Das hat er mit vielen bekannten Fabrikaten schon bewiesen: Derbi, Minarelli, Morbidelli, Garelli, Kreidler und Bultaco.

Der Spanier, Mechaniker von Beruf, weiß nicht mehr genau, wann seine ersten motorisierten Versuche auf zwei Rädern stattfanden. Es muß schon im Kindesalter gewesen sein, denn mit sechzehn begann seine Rennkarriere. »Ich habe immer fest daran geglaubt, daß ich geboren wurde, um ein großer Motorradrennfahrer zu werden. Es gab für mich kaum finanzielle Probleme, aber dafür eine andere Schwierigkeit: Denn dort, wo ich lebte, war Motorradsport praktisch unbekannt, und es fiel schwer, eine Maschine aufzutreiben, mit der man Rennen fahren konnte.« Auf einer 50er Derbi wird er 1969 zum ersten Mal Weltmeister. Ein Jahr später gelingt das noch einmal, und 1971 holt er sich den WM-Titel auf einer 125er des gleichen Fabrikats. 1972 wird er dann Doppelweltmeister, und mit Ausnahme der Jahre 1973, 1974, 1978 und 1980 steht bis 1983 der Name Nieto stets einmal im Buch der Weltmeister. Seine Erfolgsbilanz 1983 auf der 125er

Angel Nieto hat gerade unsanft Gerhard Waibel (14) von der Piste abgedrängt, der deshalb einen weiten Ausflug ins Gelände machen muß.

Angel Nieto (1), der später stürzte, hier noch mitten im Fahrerfeld in Imola.

Garelli: sechs erste PLätze und ein zweiter. Damit verwies er Bruno Kneubühler mit großem Abstand auf den zweiten Platz der WM.
Im Stil eines ›Herrenreiters‹ lebt Nieto nicht nur auf der Rennpiste, sondern auch privat. Er liebt exklusive Diskotheken, fliegt gern, läuft Ski und hält sich, so oft es seine Zeit erlaubt, am Meer auf. In der Rolle des Playboys fühlt er sich am wohlsten. Das zeigt er zum Beispiel mit seinem monströsen Wohnmobil im Fahrerlager. Auch sonst sind manche seiner Eskapaden unbekümmert und skandalumwittert. Wenn es ihm gerade so einfällt, ignoriert er deutsche Jagdgesetze und wird erwischt, als er in seiner Wagenburg frisch gefangene Wildkaninchen zu einer begehrten spanischen Delikatesse verarbeiten läßt. Mit der gleichen Unbefangenheit macht er mit seiner Rennmaschine Fahrversuche auf einer Bundesstraße. Nun will er versuchen, 1984 den 250er WM-Titel auch noch an seine Fahnen zu heften. Ob dieser Wunsch wahr wird, bleibt abzuwarten. Für einige andere bekannte Piloten der kleinen Klassen erfüllte sich nicht, was sie sich vom Umstieg auf schwere Maschinen versprachen. Außerdem lehrt die Rennfahrergeschichte, daß es manchmal besser ist, eine Karriere auf der Höhe des Ruhmes zu beenden, als sie durch Mißerfolge am Schluß zu belasten. Der alte Rennfahrer-Fuchs Nieto wird das aber gewiß in seine ehrgeizigen Pläne einkalkuliert haben.

Bruno Kneubühler

Im Kunstturnen war er Schweizer Junioren-Champion und viermal Mannschaftsmeister. Er gehörte zum Schweizer Olympia-Kader und trainierte wie ein Besessener stundenlang, bis seine ramponierten Bandscheiben nicht mehr mitmachten. So war seine Turnkarriere mit 21 Jahren beendet. Manch anderer hätte nun resignierend den Sport ganz an den Nagel gehängt. Nicht so Kneubühler: Er dachte nicht ans Aufgeben, sondern suchte nach einer sportlichen Betätigung, die das Rückgrat nicht so extrem beansprucht wie das Kunstturnen. Was bei dieser Suche herauskam, wäre ihm Jahre vorher nicht einmal im Traum eingefallen. Er stieg mit gewohntem Elan aufs Motorradfahren um.

Reiner Zufall also, daß sich Kneubühler 1969 im ›betagten‹ Alter von 23 Jahren die erste Rennlizenz besorgt. Auf Anhieb wird er Schweizer Juniorenmeister auf einer Honda 450. Und so geht es weiter. 1970 und 1971 ist er Schweizer Meister in der 500er Klasse, 1972 gewinnt er seinen ersten Grand Prix in Barcelona auf einer 350er Yamaha, fährt aber auch 500er Rennen und wird am Ende der Saison bei den 350ern Sechster und außerdem Dritter im Endklassement der 500er — hinter Agostini und Pagani. Wie vom Kunstturnen her gewöhnt, hält sich Kneubühler durch eiserne Konditionsübungen topfit. Diesem ständigen Trainieren dürfte er es zu verdanken haben, daß sein Debut als Motorradrennfahrer so erfolgreich war. 1973 gewinnt er auf einer Van-Veen-Kreidler seinen zweiten Grand Prix in Assen und wird zum ersten Mal Vizeweltmeister. Zusätzlich holt er sich bei den 250ern den neunten und bei den 500ern den sechsten Platz. 1974 ist er zum zweiten Mal Vize in der 125er Klasse, und bei den 250ern wird er Fünfter in der WM.

Bis 1974 arbeitete der Schweizer noch in seinem erlernten Beruf als Bauzeichner. Er hatte großes Glück bei der Wahl seines Chefs: Denn der bot ihm die Möglichkeit, Ausfalltage an wettbewerbsfreien Wochenenden nachzuarbeiten. Von 1975 an lief es nicht mehr so gut, und 1977 in Assen erwischt es ihn bei einem Sturz so schwer, daß er mit einem Fußgelenk-

Kneubühler (15) in Anderstorp vor Gresini (23) und Carlsson (46) auf dem Weg zum Sieg.

Trümmerbruch monatelang im Krankenhaus zubringen muß. Wieder entlassen, humpelt er lange Zeit an Krücken und muß sich im Herbst 1978 noch einmal operieren lassen. Danach bleibt das Gelenk steif. Schweren Herzens muß er von 1979 an auf Rennen mit großen Maschinen verzichten; wegen seiner Gehbehinderung bringt er diese Boliden kaum noch vom Start weg. Seine große Liebe gehörte immer der 500er Klasse. »Eine 50er fährt sich im Vergleich zu einer 500er wie ein Fahrrad. Das ist zwar auch nicht einfach und fordert hohes Können. Aber richtig wohl fühle ich mich nur auf einer 500er. Da wackelt nichts, dank der kompakten Rahmen, und mit den heutigen Reifen sind Schräglagen möglich, die man mit den Kleinen nie erreicht. Die Leistung läßt sich mobilisieren, wie man sie braucht, und erstklassige Bremsen sorgen dafür, daß sie sich auch unter Kontrolle halten läßt. Das Fahrerlebnis auf 500er Maschinen ist für mich einfach optimal.« Kneubühler muß es wissen, denn er hat in der WM mehr oder weniger erfolgreich von 50 Kubik bis zur Formel 750 alles gefahren: Van-Veen-Kreidler, Harley-Davidson, Ducati, Honda, Suzuki, Yamaha und MBA.
Seine nächsten Stationen: 1979 auf der 125er MBA Neunter in der WM, 1980 Vierter. Ein Versuch, doch wieder etwas Größeres zu fahren, bringt

ihm 1981 lediglich fünf WM-Punkte auf der 250er Rotax. Nach einem 15. Platz 1982 ist seine Sauregurkenzeit 1983 endlich vorbei. Auf der von Jörg Möller getunten MBA liegt Kneubühler beim ersten Grand Prix in Le Mans hinter Ricardo Tormo einige Runden an zweiter Stelle. Um keinen Sturz zu riskieren, läßt er sich aber zurückfallen: durch die große Kälte waren seine Hände völlig gefühllos geworden. Er beendet als Siebter das Rennen. In Monza vermasselt er den Start, schafft aber trotzdem noch den fünften Platz. In Hockenheim wird er Vierter, und Jarama sieht ihn wieder an fünfter Stelle. Auf dem Salzburgring wirft ihn eine defekte Kurbelwelle aus dem Rennen. Dafür wurde er dann in Rijeka entschädigt: Nach langer Pause holt er sich durch ein taktisch kluges Rennen endlich wieder einen Sieg. In Assen mußte Angel Nieto alles zeigen, um seine beiden Verfolger Tormo und Kneubühler auf Platz 2 zu verweisen. Auch in Silverstone hatte Nieto alle Mühe, vor Kneubühler zu gewinnen. Er schaffte es nach rundenlangen Rad-an-Rad-Kämpfen nur mit einem winzigen Vorsprung. In Anderstorp trumpft Kneubühler noch einmal auf und verdrängt mit seinem Sieg Eugenio Lazzarini auf Platz 3 der WM. Imola mußte nun die Entscheidung bringen. Nur mit elf Punkten lag Lazzarini hinter Kneubühler: Es war also noch alles offen. Die Sache klärte sich aber nicht im Rennen, sondern durch einen Trainingssturz von Lazzarini, der deshalb Startverbot bekam. Ein Glück für Kneubühler, denn er fiel schon in der zweiten Runde aus. Die Vizeweltmeisterschaft war ihm aber schon am Start sicher. Er hat sie verdient, dieser sympathische Schweizer, der wegen seiner Bescheidenheit und Hilfsbereitschaft bei allen beliebt ist, die ihn näher kennen. In der nächsten Saison will es der dreifache Zweite endlich wissen. Am liebsten wäre ihm dabei ein Zweikampf mit Nieto — auf gleichwertigen Maschinen.

Sturz von Selini in der Eingangskurve zum Motodrom in Hockenheim.

Eugenio Lazzarini

Mit Benzin und Motorrädern hat sich der kleine Italiener mit der Moped-Figur schon sehr früh beschäftigt, zuerst als Rennmechaniker. Aber irgendwann hatte er vom Schrauben genug und bastelte sich selbst eine Maschine zusammen. Er wollte zeigen, daß es auch unter den Boxen-Leuten schnelle Männer gibt. Das war eine mehr als gute Idee: Aus dem unbekannten Schrauber wurde einer der besten Rennfahrer. Seine vielen Erfolge einzeln aufzuzählen, hieße Eulen nach Athen tragen. Hier nur die wichtigsten: dreimal Weltmeister, fünfmal Vize, 27 gewonnene Grand-Prix. Errungen hat er diese Erfolge auf den verschiedensten Maschinen: Piovaticci, Kreidler, Iprem, Morbidelli, MBA und Garelli. Trotz dieser Erfolge zeigt Lazzarini nie Starallüren — ganz im Gegenteil. Seine unauffällige und bescheidene Art hat ihn weit über die Grenzen Italiens hinaus bei Zuschauern und Kollegen beliebt gemacht. Er ist verheiratet und hat zwei Kinder. Als Gast in seinem wenig komfortablen Wohnwagen merkt man schnell, daß auch seine Qualitäten als Familienvater stimmen. Noch so überschäumendes Temperament kann ihn im Umgang mit seinen Sprößlingen nicht verärgern oder aus der Ruhe bringen.

Die Lieblingsstrecke des fast immer in zwei Klassen startenden Italieners ist Assen: Der Kurs ist durch seine vielen Kurven sehr abwechslungsreich für den Fahrer. Nach seiner Meinung läßt auch die Sicherheit nichts zu wünschen übrig; es gibt große Sturzräume, keine Leitplanke kann bei einem Ausrutscher gefährlich werden. Lazzarini ist schon oft genug spektakulär gestürzt und hat einige schmerzhafte Erfahrungen mit den stählernen Streckenbegrenzungen gemacht. Ein tragisches Beispiel für deren Gefährlichkeit war der Tod von Rolf Rüdimann: Der 26jährige Schweizer war beim Achtelliter-Rennen in Rijeka 1983 gestürzt und mit dem Kopf unter eine Leitplanke geraten. Die Streckensicherung der Jugoslawen hatte völlig versagt, schützende Strohballen fehlten. Lazzarini hat Rijeka 1983 auch aus einem anderen Grund in schlechter Erinnerung. Zweimal stürzte er im Training und handelte sich dabei eine schwere Gehirnerschütterung ein,

Lazzarini in Hockenheim auf dem Weg ins Ziel, wo er als Zweiter abgewinkt wurde.

außerdem Prellungen und einen Rippenbruch. Im letzten Jahr war er überhaupt einer der größten Pechvögel. Nach guten Placierungen in Le Mans, Hockenheim, Jarama und Salzburg setzte Rijeka der Erfolgsserie ein Ende. Vom Sturz noch stark gehandikapt, gewinnt er in Assen das 50-cm^3-Rennen und wird in Spa Erster in der 125er Klasse. Mit 67 zu 49 Punkten führt er damit in der WM vor Bruno Kneubühler als Zweitem. In der 50er Klasse hatte schon Assen den Gleichstand mit Stefan Dörflinger gebracht: Beide standen mit 69 Zählern in der WM-Liste. Dann kam Silverstone. Im ersten Training zum 125er Rennen ging Lazzarini der Motor seiner Garelli fest. Samt Maschine fegte es ihn im hohen Bogen von der Piste. Mit gebrochenem Handgelenk und leicht erschüttertem Kopf konnte er beim Rennen nur noch zuschauen. Enttäuscht mußte er anschließend bis zum Endlauf in Imola pausieren. Bei den drei Veranstaltungen dazwischen konnte nun Kneubühler Punkte sammeln. Er nutzte diese Chance auch und ging nach Anderstorp mit neun Punkten vor Lazzarini in Führung. In der 50er Klasse versäumte Lazzarini dagegen nichts. Nach Assen stand er ja mit Dörflinger gleich, und das letzte Rennen war erst in Imola. Dort, in seiner Heimat, wo es nun um die Wurst ging, wollte Lazzarini ausgeheilt und in alter Frische wieder dabei sein. Was aber kam, war für ihn ein Waterloo. Am Samstag — im ersten Training — stürzt er, bricht sich das Schlüsselbein und holt sich, wie schon in Rijeka und Silverstone, wieder eine Gehirnerschütterung. Nach dieser Trilogie von Kopfsprüngen ins so kurzer Zeit kamen dem Rennarzt Dr. Costa berechtigte Zweifel an Lazzarinis gesundheitlicher Eignung für den Endlauf. Nach langem Hin und Her mit dem Garelli-Team belegte er Lazzarini mit Startverbot. Die große Chance, der letzte Weltmeister in der Schnapsglasklasse und Vize bei den 125ern zu werden, hatte Eugenio Lazzarini durch seinen Sturz verspielt. Der sympathische 38jährige Rennveteran wird die Enttäuschung überwinden. Er hat alle Höhen und Tiefen schon erlebt und weiß genau, wie hauchdünn im Rennsport die Linie zwischen Sieg und Niederlage ist. Die Saison 1984 wird ihn sicher wieder ganz vorn sehen.

Maurizio Vitali

Maurizio Vitali begann erst mit 21 Jahren Rennen zu fahren. Seit sechs Jahren ist er nun dabei und hat schon einige nationale Erfolge gehabt. In der WM-Wertung wird der Italiener zum ersten Mal 1981 als Achter in der 125er Klasse registriert. 1982 konnte er sich nicht verbessern, es reichte am Ende nur zum 14. Platz. Vor seinem ersten Start hat er fünf Jahre lang auf öffentlichen Straßen ausprobiert, ob er nachvollziehen kann, was er bei Rennveranstaltungen gesehen hat. Aus der Zuschauerperspektive waren ihm schon fast alle italienischen Strecken geläufig, ehe er sie als Fahrer noch besser kennen lernte. Sein großes Vorbild war und ist immer noch Marco Lucchinelli. Er mag dessen Fahrstil und die Art, wie Lucchinelli zu kämpfen versteht, auch wenn kaum noch Gewinnchancen bestehen. Vitalis Sturzkonto kann sich sehen lassen. Häufig ging er aus eigenem Verschulden zu Boden, oft waren aber auch technische Mängel der Grund. »Nach jedem Sturz dauert es eine ganze Zeit, bis ich meine alte Form wieder erreiche. Die Angst vor dem nächsten Unfall kann ich dann nur durch langsames Herantasten an meine Grenzen unterdrücken. Das war immer schon mein größtes Problem als Rennfahrer.

Rijeka 83: Vitali (3) hinter Gresini (23), der später stürzte, und Bianchi (4), der wegen Motordefekts aufgeben mußte. Hinter ihm Nieto, der später ebenfalls stürzte und sich mit dem elften Rang zufrieden geben mußte, und die Nummer 15, Kneubühler, der Sieger.

Der Italiener lebt in der Nähe von Rimini. Wenn er sich in Rennpausen dort aufhält, ist der Weg zum Training in Misano nicht weit. Auf einer anderen italienischen Rennstrecke, in Imola, errang Vitali 1983 seinen bisher größten Erfolg: Er gewann den Endlauf der 125er Klasse. Profitiert hat er dabei vom Ausscheiden Eugenio Lazzarinis schon vor dem Rennen. Aber auch einige andere Anwärter auf den Sieg mußten aus den verschiedensten Gründen aufgeben. Bruno Kneubühler zum Beispiel strich die Segel schon nach einigen Runden, weil er nach starkem Leistungsverlust seines Motors keinen Kolbenklemmer riskieren wollte. Er hatte den Vizetitel ja auch schon vor dem Start in der Tasche. Ricardo Tormos Motor gab ebenfalls den Geist auf. Fausto Gresini verlor die Antriebskette, und Angel Nieto schied — nach einer wilden Aufholjagd schon im Windschatten von Vitali angelangt - durch Sturz aus. Nun hatte der Mann von der Adria freie Bahn, und mit 27 Sekunden Vorsprung konnte er seinen ersten Grand-Prix-Sieg nach Hause fahren. Durch das Ausscheiden Tormos, der bis dahin mit acht Punkten Abstand vor ihm lag, rückte Vitali auf den vierten Platz vor. Für den gutaussehenden Italiener mit dem melodischen Namen, der unter schwierigsten finanziellen Voraussetzungen erst drei Jahre vorher begonnen hatte, ist das ein beachtlicher Erfolg.

Ricardo Tormo

Solange er sich erinnern kann, gehörte das Motorrad immer zu seinem Leben. Als Dreikäsehoch mit knapp sechs Jahren begann Ricardo Tormo mit seinen ersten Fahrversuchen. Sie gingen meist schief, weil er einfach noch zu klein war. Aufhören konnte er aber auch nicht mehr, denn die Versuchung war zu mächtig: In der Werkstatt seines Onkels standen, vom kleinsten bis zum größten, ständig Motorräder herum. Kein Wunder, daß dieser starke Drang zum Motorradfahren auch seine Berufswahl beeinflußte; Tormo lernte bei seinem Verwandten als Mechaniker. Zur Befriedigung seiner Leidenschaft für schnelle Maschinen müssen ihm bis zum 18. Lebensjahr öffentliche Straßen genügen. 1971 ist er aber endlich soweit, seine Lehrzeit als Rennfahrer beginnt. In der 250er Klasse gewinnt er 1974 die spanische Juniorenmeisterschaft.

Zwei Jahre dauert es dann noch, bis der Spanier 1976 auf einer 50-cm^3-Kreidler zum ersten Mal in der WM-Auswertung als Zwanzigster zu finden ist. In der gleichen Klasse, aber auf Bultaco, wird er 1977 Dritter und im nächsten Jahr Weltmeister. In der Saison 1979 konzentriert er sich mehr auf die 125er Klasse und erreicht den siebten Platz in der WM, wieder auf Bultaco. 1980 ist er dann Vierter auf Kreidler in der Schnapsklasse und Elfter auf einer 125er MBA. 1981 wird er erneut Weltmeister in der Klasse bis 50 cm^3 auf Bultaco und Achter auf einer 125er Sanvenero. 1982 endet nicht so erfolgreich, er wird Vierter bei den 50ern auf Modul, in der Achtelliterklasse Fünfter auf Sanvenero. 1983 steigt er auf eine 50er Garelli um; Ergebnis: Siebter in der WM, obwohl er nur bei zwei Läufen durchs Ziel geht. In der 125er Klasse auf MBA beginnt für ihn das Rennjahr 1983 sehr vielversprechend. Gleich beim ersten Grand Prix in Le Mans kann er durch einen klaren Start-und-Ziel-Sieg sein WM-Konto mit 15 Punkten eröffnen. Dann hat er aber mit seiner Maschine ständig Schwierigkeiten, weil der Motor zu wenig Leistung bringt. Er schafft zwar in Assen noch einen zweiten und in Spa einen dritten Platz, doch im Endergebnis machen ihn seine 52 Punkte nur zum Fünften.

Alles in allem kann Tormo eine stattliche Tabelle von Erfolgen vorweisen. Mit 19 gewonnenen Grand Prix steht er in der ewigen Rangliste der WM-Besten. Häufig macht sich der Spanier zum Sprecher für seine Kollegen, wenn es um Fragen der Sicherheit, von sanitären Problemen oder ähnliches geht. Damit hat er sich bei einigen Rennveranstaltern nicht gerade beliebt gemacht. Trotzdem wird er als herausragende Fahrerpersönlichkeit respektiert: Seine intelligente, stets sachliche Argumentation müssen auch Gegner anerkennen. Seine Einstellung zur Streckensicherheit steht in einem gewissen Widerspruch zu seiner Vorliebe für den alten Nürburgring. Gerade wegen Sicherheitsmängeln erzwangen ja namhafte Piloten den Boykott dieses Rennkurses. »1978 war ich das erste Mal auf dem Nürburgring. Ich hatte früher noch nie eine solche Strecke gesehen und konnte mir deshalb auch gar nicht vorstellen, daß es so etwas gibt. Ich mochte den Ring sofort, weil er fahrtechnisch sehr viel verlangt und die abwechslungsreichste Strecke ist, die ich kenne. Mit einer leichten Maschine würde ich noch gern dort fahren. Für Gespanne und schwere Maschinen indes wäre der Nürburgring für die heutigen Geschwindigkeiten zu gefährlich, weil Sturzräume fehlen. Vielleicht gibt es aber noch einen anderen Grund für meine Liebe zu dieser Strecke. Am 20. August 1978 holte ich mir dort durch meinen Sieg die entscheidenden Punkte für den ersten Weltmeistertitel. Außerdem fuhr ich neuen Streckenrekord.«
Man spürt deutlich, wieviel Ricardo Tormo die Erinnerungen an jenen Meilenstein in seiner Rennfahrerlaufbahn bedeuten. Genauso stark beeindruckt hat ihn aber auch ein Erlebnis von seiner ersten Bekanntschaft mit dem Nürburgring. »Ich kam dort drei Wochen vor dem Rennen an, ohne ein Wort Deutsch oder Englisch zu können. Auf meiner Suche nach einem Quartier nahm mich eine Familie auf, die am Streckenrand ein Haus hatte — ohne daß ich groß darum bitten mußte. Sie verpflegten mich, und alles, auch die Übernachtung, war frei. Ich bekam außerdem ein Motorrad geliehen, mit dem ich drei Wochen trainieren durfte. Diese selbstverständliche Gastfreundschaft werde ich nie vergessen.« Enttäuscht ist Tormo dagegen immer wieder von den vielen Zuschauern bei Rennveranstaltungen, die für die kleineren Klassen kein Interesse zeigen. Viele dieser Leute, so meint er, verstehen im Grunde genommen nichts von Fahrtechnik. »Die meisten wollen nur mehr Krach hören und extreme Schräglagen sehen. Die Feinheiten können und wollen sie vielleicht auch gar nicht bewerten. Ich glaube, daß auch nur wenige sich die Rundenzeiten ansehen. Dann würden sie nämlich sofort feststellen, daß auf manchen Strecken die Spitzenpiloten der 125er Klasse schneller sind als die Mittelfeldfahrer der Königsklasse. Ich bin froh, daß in meinem Bekanntenkreis nur Menschen sind, die wirklich etwas vom Motorradsport verstehen.« In Tormos sonst schmeichelnder, sonorer

Ricardo Tormo (5) in Anderstorp an fünfter Stelle liegend, die seine Endplazierung war. Reihenfolge auf dem Foto: (23) Gresini, (3) Vitali, (6) Auinger, (10) Wickström, (5) Tormo, (4) Bianchi.

Stimme klingt so etwas wie Resignation mit. Es wird spürbar, daß der dreißigjährige Spanier damit den wunden Punkt in seinem Rennfahrerdasein angesprochen hat. Leider hat er recht: Bei vielen Veranstaltungen drehen die ›Mopedfahrer‹, wie sie oft abfällig bezeichnet werden, vor wenigen Zuschauern ihre Runden, während bei den Läufen der schweren Maschinen die Tribünen brechend voll sind. Es ist schade, daß Rennfahrer nur ihrer Maschinen wegen mit zweierlei Maß gemessen werden.

Hans Müller

Aus Spaß fing er an, aber dann wurden 15 Jahre daraus. Der clevere Schweizer aus Au bei Wädenswil merkte nämlich bald, daß man auch als Rennfahrer einigermaßen leben kann. 1970, nach seiner Lehre als Automechaniker, sah er bei einem Bergrennen zu und war überzeugt: »So kannst du auch fahren«. Hans Müller konnte es wirklich sofort recht gut. Aber das war auch kein Kunststück. Vom elften Lebensjahr an, also noch

Hier wird Hans Müller in Spa samt seiner MBA mit fremder Kraft ins Fahrerlager zurückgebracht.

ohne Führerschein, war er schon fleißig mit Motorrädern auf den Wiesen herumkutschiert. Und eine bessere Vorbereitung aufs Straßenfahren kann es gar nicht geben. Vier Jahre hat er neben der Rennerei noch ständig in seinem Beruf gearbeitet und oft bis in die Nacht hinein Autos repariert. Er wollte finanziell völlig unabhängig sein. 1971 und 1972 war Hans Müller Schweizer Meister in der 125er Klasse und 1973 Vizemeister, 1974 dann Meister in der Viertelliter-Klasse. Danach ist er nicht mehr in der Schweiz gefahren, sondern nur noch Grand Prix. Wie oft er gestürzt ist, daran kann sich der schnauzbärtige Eidgenosse beim besten Willen nicht mehr erinnern. Er weiß auch nur ungefähr, wie oft er sich dabei etwas gebrochen hat. »Vier-bis fünfmal vielleicht. Meist bin ich auf den sichersten Strecken gestürzt, weil ich da zu sorglos gefahren bin.« Sieben Jahre lang, von 1977 bis 1983, war er in der 125er Klasse auf MBA immer unter den ersten Zehn in der WM. Das beste Resultat: zweimal ein sechster Platz. Fatalistisch nimmt Hans Müller alles, wie es kommt. »Es wäre zwar ganz schön, einmal Weltmeister zu werden. Aber um ganz ehrlich zu sein: Mir reicht es auch in Zukunft, wenn ich unter den ersten Zehn bin.«

Johnny Wickström

Von den vier Finnen, die 1983 in der Weltmeisterschaft zu Punkten kamen, war Johnny Wickström der erfolgreichste. Mit seiner 125er MBA kam er zwar in der ganzen Saison nicht über einen vierten Rang hinaus. Doch seine Beständigkeit sicherte ihm den siebten WM-Platz in seiner Klasse. Der aus Turku stammende Fahrer, 27 Jahre alt und von Beruf Monteur, hat ein großes Vorbild: Jarno Saarinen, den ›fliegenden Finnen‹, der 1972 Weltmeister bei den 250ern gewesen ist und 1973 in Monza auf tragische Weise tödlich verunglückte. Nicht nur dessen Fahrkunst, sondern auch seine Zähigkeit und seinen Erfolgswillen bewundert der Jüngere sehr. Seit 1974 sitzt Wickström auf Rennmaschinen. Von Yamaha wechselt er später auf Morbidelli und MBA. Er gewinnt finnische und nordische Meisterschaften und erreicht 1981 in der WM den 16., 1982 den zehnten Platz. Der Renn-Profi, der vor allem von finnischen Firmen gesponsert wird, möchte später einmal ein Motorrad-Geschäft aufmachen. Für 1984 wünscht er sich erst einmal zwei PS mehr. Dann, so meint er, könnte er sogar unter die ersten Drei kommen.

Johnny Wickström, der manchmal etwas zu kampffreudige Finne, in Imola allein auf weiter Flur.

Pier Paolo Bianchi

Der Italiener aus Rimini an der Adria gehört zu den ganz Großen des Motorradsports: Drei Weltmeisterschaften in der 125er Klasse hat Pier Paolo Bianchi schon gewonnen, 1976, 1977 und 1980. Und in den fünfzehn Jahren, die er bisher aktiv auf den Rennstrecken verbracht hat, fuhr er für die verschiedensten italienischen Marken — Morbidelli, Minarelli, MBA, Sanvenero. In den achtziger Jahren wollte sich aber kein ganz großer Erfolg mehr einstellen. Und das geht Bianchi offenbar ganz schön an die Nieren. In der WM 1983 konnte er sich in der Achtelliter-Klasse immerhin dreimal Platz drei erkämpfen. Eine Ausfall-Serie danach verhinderte, daß er mit seiner Sanvenero im Jahresergebnis unter die ersten Fünf kommen konnte; er wurde Achter. Die Saison 1984 will er in zwei Klassen — bei den 80ern und den 125ern — bestreiten. Er hofft, dann endlich wieder an seine große Zeit anknüpfen zu können. Bianchi ist Mechaniker von Beruf, mit seiner Frau hat er einen fünf Jahre alten Sohn. Die Rennfahrerei ist sein Leben: Was er später einmal tun wird — darüber hat er sich, wie er sagt, noch keine Gedanken gemacht.

Bianchi (4) wird von Dörflinger (16), Aldrovandi (7) und Caracchi (21) vor der Haarnadelkurve in Spa ausgebremst.

Fausto Gresini

Wenn ein Italiener Motorräder liebt und dazu noch in der Rennstadt Imola geboren ist: Dann muß er sich ja eines Tages auf den Pisten wiederfinden. Fausto Gresini fing schon im Alter von siebzehn mit Rennen an (das war vor fünf Jahren), trotz Familien-Veto und mangelnder Finanzen. Zunächst ging natürlich viel zu oft sein Temperament mit ihm durch. Nach den ersten dreißig Stürzen besann er sich dann auf seinen Kopf und wurde ruhiger. 1983 betätigte sich der Youngster erstmals in der Weltmeisterschaft. Er trat zunächst auf einer MBA an und wurde in den letzten drei Läufen, nach Lazzarinis Trainings-Sturz in Rijeka, von Garelli auf die freigewordene Werksmaschine gesetzt. Dafür bedankte er sich mit einem zweiten Platz in Anderstorp. Insgesamt reichte es aber nur zum neunten WM-Rang. Gresini verehrt Freddie Spencer, seine Lieblingsstrecke — wen wundert's — ist Imola. 1984 möchte er gern weiter für Garelli fahren, wo er auch als Motorradmechaniker arbeitet.

Von links nach rechts: Bruno Kneubühler Erstplazierter, August Auinger dritter Platz und Fausto Gresini zweiter Platz in Anderstorp im Siegerwagen vor der Ehrenrunde.

Pierluigi Aldrovandi

In zwei Hubraumklassen mußten sich in der Weltmeisterschaft 1983 je zwei Fahrer den zehnten Platz teilen. So auch der Italiener Pierluigi Aldrovandi bei den 125ern, der auf diese Weise eine unfreiwillige Partnerschaft mit seinem österreichischen Konkurrenten Gustl Auinger eingehen mußte. In acht von elf Rennen konnte er mit seiner MBA Punkte sammeln, bestes Ergebnis war ein dritter Platz in Imola. Der fast Dreißigjährige wurde 1981 zumindest in seiner Heimat populär, als er den Europameister-Titel in der 125er Klasse gewann.

Gustl Auinger

Eisenbahn oder Motorrad: Vor diese Entscheidung wurde Gustl Auinger 1978 gestellt. Sein Arbeitgeber, die Österreichischen Bundesbahnen, hatten es satt, ihn immer zu Rennen ziehen zu lassen. Der gelernte Maschinenschlosser wählte den Motorradsport, dem er schon seit 1974 frönte. Nach diesem Absprung hatte er trotz schöner nationaler Erfolge immer wieder Geldprobleme. Aber auch später, seit er — erstmals 1982 — in der Weltmeisterschaft mitmischte, hat er einiges Stehvermögen beweisen müssen. Im ersten Jahr wurde er Sechster auf einer 125er Morbidelli. Doch 1983 gab es (auf MBA) viele technische Schwierigkeiten und für ihn persönlich einen Tiefpunkt. Es reichte am Jahresende gerade noch zum zehnten Platz, zusammen mit dem Italiener Pierluigi Aldrovandi, der ebenfalls auf 30 Punkte kam. 1984 will sich der Österreicher mehr zur 250er Klasse hin orientieren, ohne die 125er aufzugeben.

Stefan Dörflinger

Der Kampf um die Ehre, als letzter Dressurreiter in der WM-Siegerliste der Schnapsglas-Klasse zu stehen, wurde mit äußerstem Einsatz geführt. Um auf Ewigkeit diesen Titel zu erobern, fiel Eugenio Lazzarini sogar dreimal auf den Kopf. Das war einmal zuviel. Und während er als schmerzgeplagter Verlierer das Nachsehen hatte, konnte Stefan Dörflinger den letzten Weltmeistertitel der Miniklasse aus Imola mit nach Hause in die Schweiz nehmen. Des Champions nächstes Ziel ist nun, 1984 in der neuen 80er Klasse als Werksfahrer von Zündapp Erster zu werden. Der Kampf um diese einmalige Chance wird nicht leicht sein, denn es gibt noch einige andere Anwärter auf diesen Thron. Ricardo Tormo mit der neuen Derbi, Pier Paolo Bianchi auf Casal, der Deutsche Meister Gerhard Waibel auf Seel — sie alle werden ihm harte Konkurrenz machen. In seinem ersten Job als Chemie-Laborant hätte sich Stefan Dörflinger vor sechzehn Jahren kaum träumen lassen, einmal diese beruflichen Höhen zu erreichen, noch dazu als Rennfahrer. Allein wäre der in Deutschland gebürtige Eidgenosse gar nicht auf den Gedanken gekommen, das Labor gegen ein winziges Motorrad zu tauschen. Der Zufall wollte es, daß ein Freund, den er von einem Motorrad-Klub her kannte, anfing Rennen zu fahren und im ersten Jahr schon Schweizer Meister wurde. Das motivierte alle Klubkameraden so stark, daß fast der ganze Verein — auch Dörflinger — mit der Rennerei begann. Und da sich Verführte oft hartnäckiger ins Zeug legen als Freiwillige, kam, was kommen mußte. Nachdem er einmal Blut geleckt hatte, wollte er sein erstes Bergrennen gewinnen. Als das erreicht war, reizte ihn diese Art des Bergsteigens nicht mehr; sein nächstes Ziel war der Siegerkranz in einem internationalen Rundstreckenrennen. Damit geschmückt ging er auf seinen ersten Grand Prix los, und als er den in der Tasche hatte, blieb nur noch die Weltmeisterschaft. Schon zweimal, 1982 und 1983, holte er sich dann auch diesen Titel. Sechzehn Jahre fährt er nun schon. 1974 steht er zum ersten Mal in der WM-Endabrechnung der 50er Klasse, an neunter Stelle. Bis 1979 kann er sich zwar einige Male verbessern, aber das höchste ist ein fünfter

Platz. 1980 wird er mit zwei Punkten Abstand hinter Lazzarini Vizeweltmeister. Und wäre das Glück nicht sehr launisch, hätte Dörflinger damals schon den Titel bekommen. Er fuhr nur die ersten vier Grand Prix, gewann gleich den Auftakt und wurde dreimal Zweiter, bis in Assen das Aus für ihn kam. »Ich hatte mich einmal verbremst und deshalb den Anschluß zum führenden Tormo verloren. Einige Runden mußte ich stets am Limit fahren. Nur so konnte ich in der letzten Runde — nicht mehr weit vom Ziel — Tormo schnappen. Dabei muß ich wohl etwas zu lange das Gas stehengelassen haben. Ich lag zwar in der nachfolgenden Kurve noch vor Tormo, aber Augenblicke später im Dreck. Ein angeknackster Fuß und sechs Brüche im Handgelenk waren die Quittung für meine wilde und kopflose Jagerei. Das war mir eine Lehre. Seither ist mir ein zweiter Platz lieber als das Krankenhaus.« Diese selbstkritische Erkenntnis war gewiß nicht zu teuer erkauft, wenn sie Dörflinger zwar etwas von seinem Elan nahm, ihm dafür aber in den folgenden beiden Jahren zum Weltmeister verhalf. 1983 hing schon beim ersten Lauf in Le Mans, nachträglich betrachtet, seine zweite Weltmeisterschaft am seidenen Faden. Dörflinger hatte den Start verschlafen. Nur nach einem Handgemenge mit den Ordnern und unter Mithilfe seiner Monteure kam er noch auf die Piste. Inzwischen hatte man schon den Italiener Sandro de Rosa an den Start geholt. Als nun Dörflinger erschien, schickte der Rennleiter de Rosa wieder fort. Dessen Vater wollte das nicht dulden und konnte nur durch zwei Gendarmen daran gehindert werden, den Start zu blockieren. Nur durch die rettende (und nicht nachprüfbare) Ausrede, daß ein Zuschauer seine Verkleidung beschädigt habe, kam Dörflinger nach de Rosas Protest bei der internationalen Kommission mit einer Verwarnung davon. Mit 53 Sekunden vor Lazzarini gewann er das Rennen. Ohne diese 15 Punkte auf seinem Konto wäre Lazzarini Weltmeister geworden.
Böse Zungen behaupten, Kenny Roberts habe einmal gesagt: »Etwas Gutes hat die 50er Klasse — ich brauche im Fahrerlager nie einen Wecker, weil die Mini-Reiter schon sehr früh am Morgen trainieren müssen.« 50er Fahrer sind gewohnt, solche Sprüche klaglos einzustecken. Aber immer wieder hören zu müssen, daß man nur Pausenfüller ist, bis die Stars auftreten: Das hat schon viele dazu gebracht, in höhere Klassen zu wechseln. Auch Stefan Dörflinger stört diese mangelnde Wertschätzung. Doch für den nüchternen Deutsch-Schweizer ist das kein Grund, die Kleinen zu verlassen. »Bei den 50ern bin ich mit geringem Aufwand im Augenblick die Nummer Eins. Das ist mir lieber, als bei den Großen unter ›ferner liefen‹ zu rangieren. Die meisten Fahrer der Königsklasse rümpfen über mich zwar die Nase. Aber mancher von ihnen wäre froh, wenn er soviel verdienen würde wie ich auf meinem Schnapsglas.« Dörflinger ist mit seiner ›Mopedfahrerei‹ berühmt

Dörflinger schon auf der 80er Zündapp beim Endlauf zur Europameisterschaft auf dem Hockenheimring.

geworden und auch nicht arm geblieben. Immerhin kann er es sich leisten, abwechselnd mit einem großen Mercedes oder Porsche Turbo auf Reisen zu gehen. Stets wie ein Dressman gekleidet, der gerade einem Modejournal entsprungen ist, verkauft sich Stefan Dörflinger auch außerhalb der Rennstrecken sehr gut. Seit vierzehn Jahren ist er immer noch mit derselben Frau verlobt, und so wäre es langsam Zeit für eine Änderung der Steuerklasse. Von dieser Möglichkeit zu sparen scheint er aber nicht viel zu halten.

Eugenio Lazzarini

siehe Seite 59 (dort Dritter in der 125er Klasse)

Claudio Lusuardi

Le Mans, 25. 4. 1976. Das 50er Feld ist noch in der ersten Runde. Da passiert es: Ein satter Kolbenklemmer stellt Claudio Lasuardis Maschine plötzlich quer und wirft ihn ab. Angel Nieto, dem ein Ausweichversuch mißlingt, fährt über den am Boden liegenden Konkurrenten hinweg und stürzt dann selbst. Im Krankenhaus wieder wach geworden, kann Lusuardi lange Zeit nicht fassen, daß er Nietos Glanzleistung, ihn als Sprunghügel zu benutzen, lebend überstanden hat. Neben vielen anderen war das sein schlimmster Sturz, und um ein Haar wäre es sein letztes Rennen geworden.
Der Italiener gehört zur alten Garde. 1949 als Silvesterscherz in Modena geboren, fährt Claudio Lusuardi seit 1972 Rennen. Er ist verheiratet, und seine neunjährige, bildhübsche Tochter Stefania ist der ganze Stolz des Vaters. Eine enge Beziehung hat er eigentlich immer nur zu kleinen Maschinen gehabt. »In der kleinen Klasse wird viel mehr an taktischer Vorausplanung und präziser Fahrtechnik verlangt als bei den 500ern. Die winzigen, leistungsschwachen Maschinen verzeihen keinen Kurvenfehler. Zum Beispiel kann man zu frühes Bremsen nicht einfach wieder durch Gasgeben rückgängig machen: Darauf reagieren die schwachen Motoren viel zu träge. Niemals darf man den Schwung verlieren, man muß immer den passenden Gang und die richtige Drehzahl haben. Eine schwere Maschine hat stets genügend Leistung und Drehmoment, um solche Fahrfehler auszugleichen. Und kommt man einmal ins Rutschen, reagiert eine 500er mit ihren breiten Schlappen relativ gutmütig. Unsere schmalen Reifen dagegen schmieren sofort ruckartig weg. Schon auf einer 125er ist das viel besser.«
Aus Lusuardis Meinung spricht lange Erfahrung. Viermal war er in der 50er Klasse italienischer Meister, in der WM wurde er 1975 Zehnter, 1978 Siebter, 1981 Neunter, 1982 und 1983 Dritter. Er hat in der 50er Klasse schon viele Fabrikate gefahren, Derbi, Kreidler, Bultaco, Villa, MBA und Malanca; in der 250er Klasse Harley Davidson. Um sich fit zu halten, betreibt er sehr viel Sport. Er ist in seiner Freizeit oft mit einem Trial-Motorrad im Gelände, er spielt Tennis, und sein spezielles Hobby ist autogenes Trai-

ning, mit dem er sich intensiv geistig und körperlich auf jedes Rennen vorbereitet. Die vergangene Saison sollte seine letzte werden. Aber nach Pressemeldungen fährt er 1984 doch wieder. Anscheinend hat sich seine Hoffnung auf einen Posten als Team-Manager doch noch nicht erfüllt.

George Looijesteijn

Wie viele seiner Klassenkonkurrenten ist der 27jährige Holländer mit seiner unverwechselbaren Sturzhelmfrisur kein Voll-Profi. Neben der Rennfahrerei muß George Looijesteijn in seinem Beruf als Elektromechaniker fleißig dazuverdienen, um finanziell über die Runden zu kommen. Zahlungskräftige Sponsoren legen ihr Geld nun einmal lieber und gewinnbringender in der Königsklasse an. Seit fünf Jahren mit ihm verheiratet, trägt es seine Frau gelassen, daß die meisten verdienten Gulden fürs Motorrad verwendet werden. Der Rennsport und seine berufliche Tätigkeit lassen Looijesteijn sehr wenig Zeit für Hobbys. Aber auch dabei steht das Motorrad wieder im Vordergrund. Um fit zu bleiben, fährt er Sommer wie Winter Motocross. Er hofft, mit seiner Rennerei in den nächsten Jahren soviel Geld zu verdienen, daß er ich als Motorradhändler für Renn- und Crossmaschinen selbständig machen kann. Bei Rennen um die holländische Meisterschaft reichte es anfangs stets nur zum zweiten oder dritten Platz. Seit 1981 fährt er Grand Prix und konnte schon in dieser ersten Saison als Zehnter die WM beenden. 1982 war er Dreizehnter und rückte 1983 punktgleich mit seinem Landsmann Hans Spaan auf Platz vier vor. Dabei fuhr er immer eine Kreidler.

Früher fiel Looijesteijn sehr oft von der Maschine. In der letzten Zeit hat sich das aber gegeben, und er treibt nicht mehr so häufig Bodengymnastik. »Ich war immer zu schnell für die Kurven. Beim Reparieren der Maschine hatte ich dann Zeit genug, über meine Ausrutscher nachzudenken. Irgendwann wurde mir klar, daß meine Selbstüberschätzung an dieser unnötigen

Kenny Roberts als Zaungast mit Kopfhörern schaut in Anderstorp den Kleinen zu.

Schrauberei schuld war. Seitdem fahre ich mit weniger Gas und mehr Kopf und sehe nach dieser Methode viel häufiger das Ziel.« Die Angst vor schweren Unfällen wird er vor keinem Rennen ganz los. Er hofft, davon verschont zu bleiben, und will lieber auf große sportliche Erfolge verzichten, wenn das der Preis dafür wäre. Sein Bruder Harry begleitet ihn nicht nur zu jedem Rennen, er ist auch sein Mechaniker. »Ich müßte sofort mit dem Rennsport aufhören, wenn ich in Harry nicht so einen tüchtigen Helfer hätte. Ein gleichwertiger Angestellter wäre für mich unbezahlbar.« Looijesteijns neue 80er wird erst im Frühjahr fertig. Er hofft, daß ihm dann noch genügend Zeit bleibt, um die Maschine kennenzulernen.

Hans Spaan

Beim Rennen in Rijeka 1983 verhalf der Trainingssturz von Eugenio Lazzarini und Ricardo Tormos verstopfter Vergaser Hans Spaan zu seinem bis dahin größten Erfolg bei einem Grand Prix: Er wurde Zweiter hinter Stefan Dörflinger. Durch diese zwölf Punkte rückte er in der Weltmeisterschaft weit nach vorn, und sie brachten ihn in der Endwertung auf Platz fünf. Der 25jährige Holländer fuhr mit sechzehn seine ersten Rennen, zuerst nur national und international, und von 1980 an Grand Prix. Dieses erste Kräftemessen mit der Weltelite beendete er auf einer privaten Kreidler mit einem beachtlichen sechsten Platz. 1981 bot man ihm dann eine Werksmaschine an, aber das half nicht viel. Ehe der Vertrag mit Kreidler Ende März zustande kam, hatte sich Spaan schon auf eigene Faust eine 125er MBA gekauft. Mit dieser Maschine stürzte er und holte sich dabei eine schwere Augenverletzung. Danach konnte er lange Zeit nicht fahren, bei starker Sonne wurde ihm immer schwarz vor Augen. Noch nicht wieder ausgeheilt geht er trotzdem mit dieser Zeitbombe unter dem Helmvisier in Rijeka an den Start. Damit war das, was kam, schon programmiert: Die starke Maisonne in Jugoslawien sorgt ein weiteres Mal für eine Verdunklung seiner Augen, und Spaan stürzt schwer. Damit war das Rennjahr 1981 für ihn gelaufen. Nach seiner vollständigen Genesung konnte er sich 1982 in der WM wieder den neunten Platz sichern.

Spaans Mechaniker ist hauptberuflich bei der holländischen Fluggesellschaft KLM beschäftigt. Bei der Vorbereitung der Kreidler für die Saison 1983 vollbrachte er eine Meisterleistung: Er fertigte einen völlig neuen Rahmen an, der genietet war — wie ein Flugzeug. Außerdem bekamen sie von van Veen, dem holländischen Kreidler-Importeur, einen Prüfstand. Nach Spaans Meinung war der optimale Zustand seiner Maschine der Hauptgrund, weshalb er in der WM 1983 Fünfter wurde. Sponsoren hat er keine. Was der Niederländer im Sommer für Rennen ausgeben muß, verdient er sich im Winter als Automechaniker. Gute Freunde spenden den Rest. Seine Vorbilder sind Tormo und Lazzarini: »Angel Nieto fährt zwar auch gut, aber das können einige andere auch mit Top-Maschinen, wie er sie hat. Bei Tormo war das oft nicht der Fall, und trotzdem hat er tolle Leistungen geboten.« Am liebsten sind Hans Spaan kurze Strecken mit vielen Kurven, wie in Rijeka. »Fahrer mit leistungsschwachen Maschinen haben dort bessere Gewinnchancen als auf Pisten mit vielen langen Geraden.« Dieser Standpunkt ist verständlich, denn Spaan will in der kleinen Klasse bleiben. Er kann sich keine Star-Maschinen leisten, weil er alles aus eigener Tasche bezahlen muß.

Hagen Klein

Von der Presse sonst nicht sehr verwöhnt, machte Hagen Klein nach der Deutschen TT 1982 auf dem Nürburgring Schlagzeilen. Diesen überraschenden Rummel löste aber nicht etwa sein Sieg beim Rennen aus, sondern die Weigerung, beim Abspielen der Nationalhymne auf der Treppe zu stehen. »Was mir danach unterstellt wurde — ich hätte bewußt das Nationalgefühl vieler Deutscher verletzen und die Hymne in den Schmutz ziehen wollen — war nie meine Absicht. Bei denen, die es so empfanden, habe ich mich öffentlich entschuldigt. Richtig ist, daß ich keinen anderen Ausweg sah, als mit einem Eklat auf Mißstände hinzuweisen, unter denen gerade die Rennfahrer der kleinen Klasse seit Jahren in Deutschland leiden müssen. An der Misere, daß wir zu wenig bei nationalen und internationalen Rennen unterstützt werden, sind Organisationen schuld, die genau das Gegenteil in ihren Statuten stehen haben. Bisher scheiterten alle Versuche, die Bedingungen zu verbessern, unter denen wir fahren müssen. Deshalb wollte ich mit meinem unpopulären Schritt der breiten Öffentlichkeit demonstrieren, zu welchen Mitteln man greifen muß, wenn vernünftige Argumente kein Gehör finden.« Hagen Klein, auf der Piste als fairer Fahrer bekannt, bekam die Quittung für seine ungewöhnliche Protest-Demonstration: Lizenzentzug wegen Regelverletzung und Unsportlichkeit. Ein Exempel wurde statuiert. Ob zu Recht, bleibt offen. Vielleicht wollte die Oberste Motorradsport-

Hagen Klein in Imola vor Hans Spaan. Klein konnte Spaan bis ins Ziel halten und wurde vor ihm Fünfter.

Kommission wirklich Ähnliches im Keim ersticken. Wenn aber Regelverstöße außerhalb der Piste so hart geahndet werden, dann sollte die gleiche Strenge auch bei Fahrern angewandt werden, die im Rennen andere gefährden oder sogar gesundheitlich schädigen. Leider viel zu häufig ist das der Fall. Hagen Klein ist schon lange im Motorradsport dabei. Die Nähe der Solitude-Rennstrecke hat den 35jährigen Stuttgarter dazu animiert. Er hat bei nationalen Rennen schon große Erfolge gehabt: Er war Deutscher Meister und Gewinner des MOTORRAD-Mustang-Pokals. Einmal wurde er zum Motorradfahrer des Jahres gewählt. In der WM errang er 1979 auf einer Hess-Spezial den sechsten, zwei Jahre später den fünften Platz auf Kreidler. Mit einer Massa-Real wurde er 1982 Zehnter, und 1983 schloß er auf FKN mit dem sechsten Platz ab. Der Schwabe mit dem Aussehen eines Filmstars für Liebhaberrollen wirkt immer wie aus dem Ei gepellt. Den gleichen gepflegten Eindruck machen auch seine Maschinen. Als Ästhet hält Klein sehr viel von den schönen Dingen des Lebens. Er liebt Musik, meist klassisch, spielt selbst Klavier, surft, schießt Tontauben, läßt Bowlingkugeln rollen und mag schöne Frauen ebenso wie exotische Autos. In der kommenden Saison ist der 1,80-Meter-Mann mit seinem ›kleinen Moped‹ — auf 80 Kubik vergrößert — wieder dabei.

Ricardo Tormo

siehe Seite 63 (dort Fünfter in der 125er Klasse)

Rainer Kunz

Die Künze sind in der Schnapsglas-Klasse bekannte Leute. Vater Rudi Kunz fuhr in den sechziger Jahren auf Kreidler viele Erfolge — auch in der Weltmeisterschaft — heraus. Sohn Rainer tritt seit 1979 in seine Fußstapfen. Der gelernte Kraftfahrzeug-Mechaniker, 1960 in Schwaben geboren, bestreitet seine Rennen ebenfalls auf einer Kreidler. Sie ist freilich von seinem Hauptsponsor, dem Zubehör-Importeur Kucera, nach der Ölmarke FKN umgetauft worden. Der schmächtige Rainer Kunz hat von seinem Vorbild, dem Vater, viel mitbekommen, vor allem den Fleiß im Konditiontraining. Harte Waldläufe und Gymnastik halten ihn in Form. Aller Anfang war natürlich auch für den Junior schwer. Zunächst gab es viele Stürze, 1980 auf dem Nürburgring sogar drei an einem Renntag. 1982 in Brünn stieg er spektakulär ab und kugelte 300 Meter weit über den Asphalt, ohne sich viel zu tun. In internationalen Rennen sieht man ihn seit 1981, damals erreichte er Platz elf in der Weltmeiserschaft. 1983 wird er im Endklassement Achter, sein bestes Ergebnis ist ein dritter Platz in Rijeka. In der neuen Saison hofft er in der 80er Klasse unter die ersten Fünf zu kommen.

Gerhard Bauer

Auf den ersten Blick ist Gerhard Bauer ein fröhlicher rheinischer Jung, 1956 rechts vom Strom in Bonn-Beuel geboren. Hinter seinem charmanten Lächeln steckt aber auch ein gescheiter Kopf. Der hat ihm zu einem abgeschlossenen Maschinenbaustudium verholfen, und das wiederum sichert seine Existenz als Motorradhändler und Konstrukteur. Motorradrennen fährt er als Hobby, nicht zum Geldverdienen. 1975 fing er damit an und hatte in der Deutschen Meisterschaft gleich einen Bombenerfolg: Er gewann in der 250er Klasse 12 von 13 Läufen. Danach folgte eine Durststrecke, weil er ohne große Erfahrung sein eigener Mechaniker sein mußte. 1980 stieg er dann in die 50er Weltmeisterschaft ein. Aber erst 1983 fühlte er sich im Fahrerkreis so richtig akzeptiert. In Hockenheim konnte er Dritter werden. Einige Stürze — teils durch technische Defekte — trugen dazu bei, daß er schließlich mit dem neunten Platz in der WM vorliebnehmen mußte. Seine Maschine hat er selbst konstruiert, Martin Ziegler — nach dem sie benannt ist — versorgt ihn mit Motoren. 1984 möchte Bauer dabei bleiben, natürlich in der 80er Klasse.

Harte Kurvenkämpfe auch in den kleinen Klassen beim Endlauf in Imola.

Reiner Scheidhauer

Berufsrennfahrer kann und will er nicht werden: Dazu reicht schon das Geld nicht. Reiner Scheidhauer muß sich fast jeden Pfennig für seine Rennerei erarbeiten. Er tut das als Kraftfahrzeugmeister in der Volvo-Werkstatt seines Vaters, die er später übernehmen wird. Sponsoren tragen nur wenig zur Finanzierung seines Hobbys bei. 1973 fing Scheidhauer im Juniorenpokal an, 1978 wird er in der 50er Klasse Deutscher Meister. Ein Jahr später gelingt die erste Plazierung in der Weltmeisterschaft, er wird Elfter. 1983 kann er auf seiner Kreidler, wie schon im Vorjahr, den zehnten Rang belegen: Allerdings muß er ihn sich mit dem Holländer Theo Timmer teilen. In der neuen Saison will er auf einer 80er antreten — aber dazu muß er zunächst tief in die Tasche greifen.

Theo Timmer

Mit seinen 35 Jahren zählt der Holländer Theo Timmer zu den erfahrensten Füchsen in der Schnapsglas-Klasse. Seit 1970 ist er — auf Jamathi, Kreidler und in den letzten fünf Jahren auf Bultaco — auf den Pisten unterwegs. Und seit 1972 fährt er Grand Prix: Drei davon hat der gelernte Werkzeugmacher gewonnen. Sein größter Erfolg bisher war die Vize-Weltmeisterschaft 1981. Danach lief es nicht mehr so gut. Im letzten Fünfziger-Jahr 1983 belegte er in der Schlußabrechnung Platz zehn, gemeinsam mit dem Deutschen Reiner Scheidhauer. Gefreut hat es ihn, daß er in Assen vor heimischem Publikum bester Holländer seiner Klasse werden konnte. 1984, in der ersten 80er WM, will er wieder mindestens Zehnter sein.

Rolf Biland — Kurt Waltisperg

Anderstorp 1983 sah außer Werner Schwärzel/Andreas Huber kein weiteres deutsches Gespann am Start. Noch anfangs der siebziger Jahre mußte man dagegen unter den zehn Weltbesten suchen, um Fahrer anderer Nationalität zu finden. Kein Nachwuchs also mehr aus einem Land mit einer Gespanntradition, die ihresgleichen sucht. Das stimmt nachdenklich und läßt Zweifel aufkommen, ob der Gespannsport auf Dauer noch Überlebenschancen hat. Rolf Biland hat mit seiner umstrittenen BEO-Konstruktion für ein radikales Umdenken in der Zwitter-Klasse gesorgt. Die negativen Begleiterscheinungen, die sich einstellten, hat er gewiß nicht gewollt. Denn er ist besessen von dieser Sportart und hätte sich damit nur selbst geschadet. Ohne Zweifel ist der Schweizer aber deshalb bei einer Menge interessierter Zuschauer in Ungnade gefallen. Und auch viele seiner Mitwettbewerber sind alles andere als glücklich über die von Biland angezettelte Revolution im Gespannbau. Nicht ungerechtfertigt, denn seither ist ein Vergleich mit handelsüblichen Straßen- oder auch Motocross-Gespannen kaum noch möglich. Ein böser Kritiker sprach aus, was viele nur denken: »Mit Motorradfahren hat das überhaupt nichts mehr zu tun. Für diese undefinierbaren Vehikel hätte die Motorsportbehörde schon längst eine

neue Klasse schaffen müssen. Ich habe dafür auch einen Namen: Auto-Mißgeburten auf drei Rädern.«
Das sind harte Worte, und ebenso übertrieben ist es, Biland als den Totengräber des Gespannsports zu bezeichnen. Der eidgenössische Tüftler hat nach Verbesserungen und Neuerungen gesucht und, dank nicht ganz klarer Bestimmungen des Internationalen Motorradsport-Verbands, auch Lücken gefunden, die das zuließen. Zur Ehrenrettung Bilands muß außerdem gesagt werden: Durch ihn ist einiges sicherer geworden im Gespannsport. Die hochgezogene Verkleidung zum Beispiel schützt bei Überschlägen. Das haben schon einige Unfälle bewiesen, bei denen die Piloten unverletzt blieben, weil sie nicht herausflogen und — wie früher häufig — vom eigenen Fahrzeug erschlagen wurden. Gespannrennen sind heute zwar serienferner als vor zwanzig Jahren, dafür aber sicherer. Im Interesse der Fahrer sollten Kritiker auch darüber einmal nachdenken.
Rolf Biland ist 1951 in der Schweiz im Kanton Aargau geboren, seit einem Jahr ist er verheiratet. Er hat vier Jahre Automechaniker gelernt und dann in der Werkstatt seines Vaters gearbeitet. Der Hobbyboxer fing 1970 mit dem Motorsport an. Zwei Jahre konnte man ihn in Kurven als heraushängenden ›Schmiermaxen‹ bewundern. Dann nahm er einen Rollentausch vor und wurde sein eigener Pilot; neben ihm im Boot durften andere die Piste fegen. 1974 wird er auf einem CAT-Gespann mit F. Freiburghaus als Copilot zum ersten Mal Zehnter in der Weltmeisterschaft. Danach geht es so weiter. 1975 ist er schon Dritter auf Seymaz, rutscht zwar 1976 wieder auf Platz vier zurück, wird dafür aber 1977 auf Yamaha Vize und 1978 auf dem umstrittenen BEO-Gespann Weltmeister. Im folgenden Jahr wurden die Gespannrennen in zwei getrennten Klassen, für konventionelle und neue Bauart ausgetragen. Nach drei Jahren mit Kenny Williams als Beifahrer stieg 1979 Kurt Waltisperg zu ihm ins Boot. Die beiden holen sich gleich zwei Titel, werden nämlich in der alten Klasse Weltmeister und in der neuen Vize. 1980 holt er sich diesen Titel noch einmal, wird 1981 erneut Weltmeister, dann — Abwechslung muß sein — 1982 wieder Vize und 1983 Weltmeister. So errang Biland in knapp zehn Jahren — als Glückszahl — sieben WM-Titel und steht bei den Gespannpiloten in der Grand-Prix-Gewinnliste mit 37 Erfolgen an der Spitze.
Angefangen hat Rolf Biland auf einer BMW mit 15-Zoll-Rädern, ganz gewöhnlicher Vorderradgabel und Hinterradschwinge. Dann stieg er auf Suzuki um, später auf Yamaha, und dieses Fabrikat fuhr er bis zur letzten Saison. Daß Rolf Biland neben einigen Ausrutschern bisher nur zwei schwere Stürze hatte, liegt auch an der geradezu pedantischen Pflege seines fahrbaren Untersatzes. Er hält das für die wichtigste Voraussetzung. Ein weiterer Grund ist, daß Biland als absoluter Spitzenpilot in Waltisperg

Start der Seitenwagen-Gespanne in Spa. Biland (2) schon weit voraus.

einen Beifahrer mit den gleichen Qualitäten hat. Diese Kombination aus technischer Perfektion und fahrerischer Hochleistung hat dem Team diese lückenlose Erfolgsserie gebracht. Als cleverer Schweizer Geschäftsmann spricht Biland zwar nicht viel über Finanzen, aber keiner zweifelt daran, daß er mit Abstand unter seinen Kollegen der Spitzenverdiener ist. Seit langer Zeit schon quält ihn aber fahrerisch etwas. Er möchte beweisen, daß man mit einem Gespann schneller sein kann als in der 500er Solo-Klasse. »Mir ist klar, daß mich mancher deshalb für leicht gestört und überheblich hält. Ich nehme das den Leuten, die so denken, nicht übel. Denn unsere Kiste wiegt immerhin über 200 Kilogramm, und zusätzlich sitzen wir ja auch noch drin. Bei gleicher Leistung muß also das doppelte Gewicht einer 500er Solo-Maschine über die Piste gejagt werden. 1983 fuhr Kenny Roberts in Spa die schnellste Runde mit 163 km/h. Mein eigener Rekord auf dieser Strecke wurde mit 155 km/h gemessen. Ich glaube einfach, daß diese 8 km/h Unterschied irgendwann einmal zu schaffen sind.« Der sprichwörtliche Ehrgeiz Bilands und seine Waghalsigkeit werden wohl keine Ruhe geben, bis dieses Ziel erreicht ist. Über das Wie schweigt sich der Weltmeister aber noch aus.

Kurt Waltisperg, sein 30jähriger vollbärtiger Schweizer Mitstreiter, fing

Kurvenkampf der Seitenwagenpiloten auf dem Salzburgring in der Schikane vor Start und Ziel.

mit den Turnübungen im Seitenwagen schon in seiner Lehrzeit als Elektromonteur an. Fünf Jahre fuhr er mit dem Schweizer Müller zusammen, dann stieg er zu Biland ins Boot. An Waltisperg besticht, mit welcher Sicherheit und Eleganz er in Kurven seine Positionen wechselt. Angst, daß Biland ihn einmal durch einen Fahrfehler hinausschmeißen könnte, hat er nicht. »Am leichtesten wäre es möglich, wenn man umgreifen muß und im gleichen Augenblick stark gebremst wird. Aber ich bin bei Biland noch nie deshalb in Schwierigkeiten gekommen. In dieser Beziehung sind wir wie Zwillinge aufeinander abgestimmt. Ein solches Verhältnis entwickelt sich aber nicht von heute auf morgen. Wenn immer wieder Passagiere während der Fahrt hinausfliegen, ist entweder der Beifahrer ohne Erfahrungen eingestiegen und hat geglaubt, das Ganze sei ein Kinderspiel, oder ein schlechter Pilot hat vergessen, daß noch ein Zweiter dabei ist, und hat diesen durch einen Fahrfehler aussteigen lassen.« Genauso rührig wie im Seitenwagen ist Waltisperg auch in seiner Freizeit. Mit einer langjährigen Freundin betreibt er ein Restaurant. Neuerdings hat er für Römer-Helme die Schweizer Generalvertretung übernommen. Beides zusammen sorgt dafür, daß er für Biland auch in geschäftlicher Hinsicht ein ebenbürtiger Partner ist.

Egbert Streuer — Bernard Schnieders

Egbert Streuer könnte man als Wikinger verkleidet in einem Film zeigen: Die Kino-Besucher hätten keinerlei Zweifel, daß der blonde, bärtige Hüne in direkter Linie von den nordischen Seefahrern abstammt. Seine interessante Erscheinung fällt aber auch auf, wenn er ohne Helm in enger Lederkluft durchs Fahrerlager geht. Wer ihn nicht kennt, kommt kaum darauf, daß dieser gutaussehende Holländer ein bockelharter Rennfahrer ist. Neben seiner kämpferischen Härte zeichnet ihn eine sagenhafte Ruhe aus. Er schenkt zwar seinen Gegnern nichts. Aber genauso wenig läßt sich Streuer zu Manövern provozieren, die ins Auge gehen können. Sicherheit hat bei ihm stets den Vorrang. »Daß Seitenwagenpiloten meist etwas zahmer fahren als die Solisten, hat nach meiner Meinung zwei Gründe. Ich würde schon deshalb keinen Unfall riskieren, weil ich mich für meinen Beifahrer verantwortlich fühle: Er ist genauso mit dran wie ich, wenn etwas passiert. Außerdem gibt es auf den meisten Strecken nur wenige breitere Passagen, wo man mit Seitenwagen wirklich gefahrlos an anderen vorbeikommt. Daß sich allzu riskantes Fahren nicht auszahlt, hat 1982 der schlimme Unfall in Imatra bewiesen. Weil die Piste durch starken Regen kaum noch befahrbar war, hatte Toni Mang mitten im Rennen angehalten und die Veranstalter aufgefordert abzubrechen. Das Rennen wurde aber nur auf 19 Runden gekürzt. Von den vielen Stürzen hatte Jean-Francois Baldé den schlimm-

Die beiden fliegenden Holländer Streuer und Schnieders beim Grand Prix in Anderstorp in voller Aktion.

sten — ihn erwischte es mit einem komplizierten Beinbruch. Danach waren wir dran, und weil der Regen immer schlimmer wurde, wollte Biland erreichen, daß ein solcher Surf-Wettbewerb gar nicht erst gestartet wird. Vergeblich. Jock Taylor, der Weltmeister von 1980, lag vor dem Rennen punktgleich mit mir in der WM-Wertung auf Platz 3. Bei Trockenheit hatte Taylor mit der Leistung seines Gespanns kaum eine Chance zu gewinnen. Vielleicht glaubte er aber, es bei Nässe schaffen zu können. Nach meiner Ansicht fuhr er deshalb zu riskant, kam in einer Rechtskurve ins Schleudern und krachte dann mit voller Wucht gegen einen Betonmast. Sein Passagier Benga Johannson flog heraus und brach sich ein Bein. Jock Taylor wurde eingeklemmt und starb einige Stunden später an seinen schweren Sturzverletzungen. Erst als drei Runden später noch ein Finne in das Wrack von Taylors Seitenwagen raste, wurde das Rennen abgebrochen. An diesen tragischen Unfall werde ich mich sicher noch lange erinnern. Er hat mich in meiner Einstellung bestärkt, daß man Erfolge nie erzwingen sollte.« Dieser Grundsatz hat sich für Streuer schon bezahlt gemacht. Wie alle aus seiner Gilde hatte er zwar schon einige Ausrutscher, aber sie waren harmlos und liefen ohne Verletzungen ab.

Vor 30 Jahren in Assen geboren, wurde Egbert Streuer schon früh vom Rennbazillus infiziert. Zuerst wollte er es mit einem Auto versuchen. Das scheiterte aber an den Kosten. Auf einem Rad weniger ging es dann 1975 los. Johann van de Kaap, der dann bis 1980 sein Beifahrer war, hatte den Seitenwagen gekauft, und Streuer durfte fahren. 1979 — vier Jahre später — wird er zum ersten Mal in der Weltmeisterschaft Neunter. 1980 sichert er sich den vierten Platz, 1981 reicht es nur zum Achten. 1982 kommt er wieder auf den vierten Rang, und 1983 wird er Vizeweltmeister. Er wechselte nie das Fabrikat, fuhr immer Yamaha, seit 1981 mit einem LCR-Chassis. Von seinen insgesamt drei Grand-Prix-Siegen hat er zwei in der vergangenen Saison errungen, in Hockenheim und in Silverstone. Sein vier Jahre jüngerer Beifahrer Bernie Schnieders ist seit 1981 dabei und hat vorher Motocross und Sandbahnrennen in Holland gefahren. Wie fast alle Gespann-Partner sind die beiden auch privat gut befreundet. Rolf Bilands Meinung über Streuer: »Wenn der ein so gutes Gespann hätte wie ich, müßte ich ganz schön Dampf machen, um ihn loszuwerden.«

Werner Schwärzel — Andreas Huber

Fragt ein Neuling im Fahrerlager nach den ewigen Zweiten auf drei Rädern, wird er prompt zu Werner Schwärzels umgebautem Reisebus geschickt. Den Spitznamen ›ewiger Zweiter‹ muß Schwärzel wohl für immer behalten: Dabei liegt es schon sieben Jahre zurück, daß er in einer ununterbrochenen Serie, von 1973 bis 1976, viermal Vizeweltmeister wurde. Nicht einmal sein Weltmeistertitel 1982 hat an diesem Image etwas ändern können. Schon 1970 hatte Schwärzel auf einer BMW angefangen. Er ist aber nie ein typischer Vertreter jener harten Generation geworden, die durch Haudegen wie Rolf Steinhausen, Helmut Fath oder Florian Camathias legendär wurde. Nicht nur waren die meisten Gespanne damals mit Boxermotoren ausgerüstet; auch die Fahrer lieferten sich handfeste Kämpfe, bei denen manchmal nur noch die richtigen Handschuhe gefehlt hätten. Werner Schwärzel fuhr zwar in dieser Zeit schon Rennen, er hat sich den dabei üblichen kompromißlosen Fahrstil aber nicht angewöhnt. Wahrscheinlich hätte er das auch mit viel gutem Willen nicht geschafft. Denn der zurückhaltende Schwarzwälder, aus der Nähe von Lahr, ist eher risikofeindlich als draufgängerisch veranlagt. Finanziell mußte der gelernte Baumaschinenschlosser am Anfang große Probleme überwinden. Schon in den siebziger Jahren muß man für einen guten Motor 15 000 bis 20 000 Mark hinblättern, und ohne Sponsoren war das für einen kleinen Handwerker wie Schwärzel viel Geld. Um zu sparen, hat er sieben Fahrwerke selbst gebaut; die Winterpausen reichten dazu meist kaum aus. Mit seinen fast 36 Jahren gehört Werner Schwärzel nicht mehr zu den Jüngsten. Aber er denkt noch nicht ans Aufhören. Siebenmal war er Deutscher Meister, hat zwei Vizeweltmeisterschaften zusammen mit seinem Beifahrer Gleis und zwei mit Andreas Huber gewonnen. Der sitzt seit 1975 bei Schwärzel im Boot und war auch 1982 bei der Weltmeisterschaft mit von der Partie. Viermal Vize wurde der Schwarzwälder mit dem König-Doppelboxer-Zweitaktmotor, dann fuhr er ARO und Fath, anschließend von 1979 bis 1983 Yamaha. Werner Schwärzel hat insgesamt neun Grand Prix gewonnen, aber ulkigerweise 1982, in seinem Weltmeisterschaftsjahr, keinen einzigen.

Andreas Huber muß, wie alle Schmiermaxen, bei den Ehrungen immer im zweiten Glied stehen. Sogar die Weltmeisterschaftsplakette der FIM drückt man ja nur den Piloten in die Hand. Er ist also gewöhnt, nicht so im Rampenlicht zu glänzen wie sein Chauffeur, wenn der Siegerlorbeer verteilt wird. In Imatra war er aber einmal, unter lautem Beifall der finnischen Zuschauer, als Stuntman Mittelpunkt der Show. Huber hatte aber kein Ohr für den Applaus, denn in der Schikane war er ganz ohne Zutun Schwärzels aus dem Boot gefallen. Von Schmerzen geplagt, humpelte er davon, ohne dem klatschenden Publikum seinen Dank abzustatten. Andreas Huber ist, was Motorradfahren anbelangt, abstinent. Er hat noch nicht einmal den Führerschein und macht um die schnellen Zweirädrigen stets einen weiten Bogen. Als Beifahrer hat er bei seinem Bruder im Geländesport und später auch auf der Straße erste Erfahrungen gesammelt. Was

Schwärzel und Huber noch mit der 1 fahrend, müssen sich im nächsten Jahr mit Nummer 3 begnügen.

ihn zu den Dreirädrigen hinzieht, warum er dort den Akrobat spielt, darüber schweigt sich der auch sonst wortkarge Huber völlig aus. Seinen unruhigen Arbeitsplatz neben Schwärzel will er vorläufig aber mit keinem anderen tauschen. Das Vertrauen zu seinem kettenrauchenden Steuermann hat auch ein aufregendes Erlebnis 1981 beim Grand Prix in Assen nicht trüben können. Warum sich Huber an diesem denkwürdigen 27. Juni in voller Fahrt freiwillig von Schwärzels Seite trennte, soll er selbst erzählen. »Wir lagen in der zweiten Runde an vierter Stelle. Völlig unbegreiflich für mich fuhr Schwärzel plötzlich im Kurvenausgang einfach geradeaus ins Grüne. Zum Fragen blieb keine Zeit, und ich hatte auch keine Lust, diese Sonderfahrt geduldig bis ans bittere Ende auszukosten. Kurz entschlossen verließ ich fluchtartig das Boot — gerade noch rechtzeitig, ehe Schwärzel einen Fotoreporter ins Schlepptau nahm, der seinen Fluchtweg kreuzte.« Wie sich nachträglich herausstellte, war an dem Ausflug mit Reporterbelästigung eine gebrochene Lenkung schuld. Schwärzel hatte in seiner Rennfahrerlaufbahn sehr viel Pech, wenn es um höchste Ehren ging. Es gibt sogar Kritiker, die ihm das als persönliches Verschulden ankreiden. Dagegen muß einmal gesagt werden, daß Werner Schwärzel zwölf Jahre, oft belächelt, verbissen gekämpft hat, bis aus dem ewigen Zweiten 1982 endlich ein Erster wurde. Diese Leistung verdient Bewunderung. Und sein dritter Platz 1983 ist auch nicht zu verachten.

Alain Michel — Claude Monchaud

Als kleine Knirpse in der Schule haben sich die beiden Südfranzosen aus Montélimar schon kennengelernt und sind bis heute Freunde geblieben. Alain Michel träumte damals davon, Flieger zu werden, während Claude Monchauds große Sehnsucht das Meer war. Michel, der die Luft erobern wollte, blieb auf der Erde. Aber Monchaud konnte seine Träume verwirklichen und wurde zum Weltumsegler: Mit Freunden zusammen nahm er Kurs auf Amerika, Australien und Afrika. Nach einer Exkursion in die Antarktis, die ein ganzes Jahr dauerte, betrat Monchaud erst 1982 wieder französischen Boden. Im Gespräch mit seinem Schulkameraden fragt er kurzerhand, ob Michel es noch einmal mit ihm als Copilot im Seitenwagen versuchen möchte. Aus alter Freundschaft ließ sich der nicht lange bitten und sagte ja. Zum ersten Mal hatte Monchaud schon 1975 bei Michel im Boot gesessen, als dessen Laufbahn mit nationalen Gespannrennen begann. Zwei Jahre hielt es sein Copilot aus, dann wurde ihm diese Sportart zu anstrengend. Er tauschte das eine Boot mit dem anderen und schipperte fünf Jahre um die Welt. Alain Michel hatte seine Rennkarriere als Solo-Fahrer schon 1972 begonnen, und noch im gleichen Jahr gewann er einen Cup-Wettbewerb und wurde französischer Meister. Danach gab es finanzielle Probleme, er mußte bis 1975 aussetzen. Sein erstes Renngespann baute sich Michel selbst. Kein Wunder, denn er hat Maschinenbau studiert.

Einmal von hinten: Monchaud bei Turnübungen.

1977 war er zum ersten Mal in der Grand-Prix-Szene dabei und wurde Fünfter in der Weltmeisterschaft. Ein Jahr später holte er sich den Vize-Titel, und mit Michael Burkart, seinem deutschen Beifahrer, wurde er in den Jahren 1979 bis 1982 einmal Vierter, zweimal Vize und einmal Dritter. Insgesamt hat er neun Große Preise gewonnen, und mit einem vierten WM-Platz 1983, zusammen mit Monchaud, endet die bisherige Erfolgsbilanz von Alain Michel. In alle den Jahren fuhr er nur eine Marke, nämlich Yamaha.
Daß die Seitenwagenfahrer bei Rennveranstaltungen seit vielen Jahren nur fünftes Rad am Wagen sind, stört die beiden 30jährigen Lebenskünstler am meisten. Michel läßt seinem Unmut freien Lauf: »Schon häufig habe ich mit Biland und anderen Fahrern diskutiert, wie man verhindern könnte, daß die Seitenwagen stets am Schluß eines Grand Prix fahren müssen. Die meisten Zuschauer wandern schon ab, wenn sie die Königsklasse — als Hauptattraktion — gesehen haben. Vor halbleeren Rängen müssen wir dann herumfahren. Bei der Siegerehrung stehen nur noch wenige Reporter herum, und die bringen in ihren Zeitungen höchstens einen Satz über die ersten drei. Der Rundfunk hat kaum etwas über uns, und wenn im Fernsehen die Solo-Klassen eine halbe Stunde im Bild sind, sieht man die Seitenwagenfahrer — wenn überhaupt — oft nur einige Sekunden lang. Dabei müßte man doch allen Rennfahrern, die ihr Bestes geben, gleiche Chancen einräumen. Anscheinend haben aber Veranstalter oder Presseleute darüber noch nie nachgedacht.« In der Winterpause will Michel versuchen, seine Maschine noch etwas schneller zu machen. Dreimal war er schon ganz nahe am höchsten Titel, und er glaubt, daß 1984 sein Glücksjahr ist.

Masato Kumano — Kunio Takashima

Assen, 26. Juni 1982: Ein Wolkenbruch zwingt die Rennleitung, den Start der Seitenwagenklasse zu verschieben. So plötzlich, wie der Regen kam hört er nach einiger Zeit wieder auf. Nun beginnt bei den Fahrern das Pokerspiel der Reifenwahl. Überall auf der Strecke sind noch Wasserlachen. Masato Kumano, der einzige Japaner unter den Gespannfahrern, wird wie alle seine Konkurrenten von der gleichen Frage geplagt: Regenreifen, Intermediates oder Slicks? Kumano entscheidet sich für die Profillosen und weiß in diesem Augenblick noch nicht, daß er damit die Weichen für seinen schwersten Unfall gestellt hat. Im Rennen, schon längere Zeit dicht hinter Schwärzel fahrend, versucht er den Deutschen in einer Kurve zu packen: »Ich ließ das Gas voll stehen, merkte aber, als ich vorbei wollte, daß der Platz nicht reichte. Um die drohende Kollision zu vermeiden, wich ich aus und kam dabei von der Strecke ab. Das Gespann drehte sich um die eigene Achse und überschlug sich. Ich blieb wie durch ein Wunder unverletzt, Kunio Takashima — mein Beifahrer — kam mit einem doppelten Beinbruch ins Krankenhaus. Unsere LCR-Yamaha war danach nur noch ein Haufen Schrott.« Der hochgewachsene, schlanke Japaner läßt gern das Gas stehen — zum Beispiel 1983 auf dem Salzburgring wieder etwas zu lange, und dieses Tempo vertrug sich nicht mit der Fahrerlagerkurve. Kumano

Nach dem starken Gefälle hinter Start und Ziel in Spa ging es beim Seitenwagenrennen hier mit vollem Rohr in die nachfolgende Bergauf-Kurve.

wollte zwar mit allen Tricks noch zaubern, aber sein Dreirad widersetzte sich. Rundum verbeult stand es nach Kumanos Sondereinlage an einer Leitplanke herum, während die beiden Bruchpiloten zur Überwachung per Hubschrauber ins Krankenhaus flogen. Der 35jährige japanische Seitenwagen-Experte fing mit 17 Jahren in seiner Heimat als Privatfahrer an. Nach dem Studium der Wirtschaftspolitik ging er nach Europa, fuhr dort bis 1978 als Amateur und wechselte dann ins Profilager. 1979 wurde er in der WM mit Izao Arifuku als Beifahrer Dritter. Kunio Takashima, seit 1981 sein Copilot, ist Mechaniker und Karosserieschlosser. Im Fahrerlager sieht man die beiden nur im Zelt mit ölverschmierten Händen schrauben. 1981 waren sie in der WM an sechster Stelle, 1982 reichte es nur für den achten Platz und 1983, mit einem Sprung nach vorn, zum fünften. Kumanos Hobby ist Kochen und Backen — und zwar nicht nur japanisch, denn er kennt sich auch in der europäischen Küche aus. Auf den Rennstrecken hat er in den vergangenen Jahren immer wieder für Überraschungen gesorgt. Gewiß wird er auch in der Saison 1984 nicht enttäuschen.

Derek Jones — Brian Ayres

Seit zwölf Jahren fahren sie schon zusammen, die Briten Derek Jones und Brian Ayres. Und sie haben ihren Spaß daran — sonst hätten sie die Rennerei längst aufgegeben. Inzwischen kann sie auch kaum noch etwas erschüttern. Sie kennen alle Strecken aus dem ff. Und selbst wenn sie am Ende einer Saison kein Motorrad mehr sehen möchten, können sie schon bald darauf den Start zur nächsten Weltmeisterschaft kaum erwarten. Daß auch alte Hasen Anfänger-Fehler machen können, haben sie 1980 in Imatra gelernt. Fasziniert schauten sie zu, wie der vor ihnen liegende holländische Konkurrent Egbert Streuer und sein Passagier in einer Schikane hinausflogen. Dabei kamen sie selbst vom rechten Kurs ab und landeten im Graben. Die beiden Engländer trugen es mit dem gleichen britischen Humor, den sie auch beim engen Zusammenleben während der Rennsaison pflegen. Auf diese Weise lassen sich sogar schwere Zeiten durchstehen. Finanziell geht es Jones, dem schon 42 Jahre alten Schweißer, und dem drei Jahre jüngeren technischen Zeichner Ayres seit ein paar Jahren besser: Ein deutscher Sponsor — ›mehr ein Freund‹ — greift ihnen unter die Arme. Ohne eigene Arbeit reicht das Geld, wie bei den meisten Gespannfahrern, freilich nicht. Die Erfolgsliste der zwei ist schon recht stattlich. 1978 wurden sie Britische Meister, 1979 Siebte in der B2B-Klasse der damals zweigeteilten Gespann-Weltmeisterschaft. Ein Jahr später beendeten sie die WM als Siebte, 1982 und 1983 (auf einer LCR-Yamaha) als Sechste. Daneben treten sie in vielen anderen Rennen an, 1984 haben sie auch eine Lizenz für die Deutsche Meisterschaft. Ihre Lieblingsstrecke ist Assen: Je mehr Kurven, je besser. Für die neue Saison wünschen sich die beiden schnellen Engländer einen schnellen Motor. »Dann haben wir alles, was wir brauchen, um die Weltmeisterschaft zu gewinnen.«

Frank Wrathall - Phil Spendlove

Daß die Seitenwagenfahrer das weniger angenehme Los haben, davon ist auch das englische Team Frank Wrathall und Phil Spendlove überzeugt. Die Solo-Kollegen sind einfach populärer, um sie ist immer mehr Rummel und Trubel. Viel Geld ist in der Gespannklasse ohnehin nicht zu verdienen. Manchmal vor den Rennen, so meint Frank, möchte er eigentlich nach Hause gehen. »Ich frage mich jedesmal, ob ich verrückt bin, daß ich das alles mache.« Da spielt natürlich auch mit hinein, daß der Seitenwagen-Sport gefährlicher ist. Phil Spendlove hat das an sich selbst erlebt: Bei einem schweren Unfall überlebte er aus purem Glück, während sein damaliger Fahrer auf der Stelle tot war. Aber wenn man erst einmal in der Grand-Prix-Mühle drin ist, kann man nicht Knall auf Fall aufgeben. »Das ist wie eine Droge.« Gemeinsam süchtig sind die beiden schon seit 1975. Wrathall fing gleich nach der Schule mit Motorradrennen an und spezialisierte sich mehr aus Zufall auf Gespanne. Der gelernte Installateur Spendlove probierte es erst solo und stieg ins Boot, als ihm seine Allein-Karriere zu teuer wurde. In den langen gemeinsamen Jahren sind die beiden ein erfahrenes Partner-Paar geworden. »Ich versuche mit Köpfchen zu fahren«, meint Wrathall bescheiden. Kenny Roberts und andere schlaue Füchse in den Solo-Klassen sind da seine Vorbilder. So muß man zum Beispiel die unfallträchtigen Mitbewerber kennen und sich im Rennen von ihnen fernhalten: Das hat sich für die zwei Briten schon mehrfach ausgezahlt. Auch finanziell lieben sie kein Vabanque-Spiel. Schulden machen sie nicht für ihren Sport — »was wir kaufen, ist auch bezahlt«. 1983 ist dabei in der Weltmeisterschaft ein solider siebter Platz herausgekommen. Wie Schwärzel/Huber und die Brüder Zurbrügg fahren sie ein Seymaz-Chassis mit Yamaha-Motor.

Trevor Ireson — Ashley Wooller

Als Trevor Ireson 1983 von der ersten TT-Trainingsrunde auf der Isle of Man zurückkam, konnte er sich nicht lange über seine Bestzeit freuen. Sein Passagier Ashley Wooller stieg aus. »Ich mach' nicht mehr mit«, schimpfte

Ashley Wooller, der Dienstverweigerer bei der TT, hier zeigt er in Anderstorp, daß er sonst nicht feige ist.

er. »Wie du fährst — das ist kriminell. So was kann nur einmal gutgehen.« Dieser seltene Fall von Fahrdienstverweigerung führte dazu, daß Ireson zur Tourist Trophy nicht starten konnte. Immerhin hat der alte Haudegen — er ist fast vierzig — schon viermal auf der Renn-Insel gewonnen, davon dreimal hintereinander. Er liebt Strecken wie den bergigen TT-Kurs heiß und innig, so auch den alten Nürburgring. Und er ärgert sich, daß solche Abenteuer immer weniger werden. »Die Motorräder sind für die Strecken zu gefährlich und nicht umgekehrt«, räsonniert er. Mit typisch britischem Understatement sagt Ireson von sich, daß er eigentlich kein guter Fahrer sei; kleinere Unfälle — etwas Ernsthaftes gab es nie — seien immer auf eigene Fehler zurückzuführen gewesen. »Das Schöne bei den Seitenwagen ist, daß auch ein schlechterer Fahrer schnell sein kann.« Der Engländer hat, wie auch Beifahrer Wooller, auf Solomaschinen angefangen. Der große Mike Hailwood war Beider Vorbild. Ireson ging dann aber bald auf Gespanne über und versuchte es nacheinander mit vielen Cos: Allein in den letzten vier Jahren hatte er vier verschiedene Passagiere. Von 1980 bis 1982 waren die Teams jeweils Zehnte in der Weltmeisterschaft, 1983 konnte man sich — mit nur drei punktebringenden Plazierungen — auf den 8. Platz verbessern. Ireson baut seine Fahrwerke immer selbst, »das ist mein Beruf«. Ein altes Paar Unterhosen ist sein Renn-Maskottchen. Sponsorgeld kriegen die beiden Partner von einem Autohändler und von Ölgesellschaften, ohne Dazuverdienen reicht es nicht. Für Hobbys bleibt keine Zeit; erst nach der Rennkarriere kann Ireson ans geliebte Segelfliegen denken.

Theo van Kempen — Gerardus de Haas

Wie zwei Lausbuben wirken sie im Kreis der meist schon älteren und gesetzten Herren des Gespann-Sports: Theo van Kempen, 28 Jahre, Busfahrer, und sein Passagier Gerardus de Haas, Bauarbeiter, beide aus Amsterdam. Sie sind ziemlich, aber nicht ganz neu im Geschäft. Drei Jahre lang fuhr van Kempen — freilich mit einem anderen Co — nationale Rennen. 1983 tat er sich mit de Haas zusammen, und sie stiegen in die Weltmeisterschaft ein. Auf Anhieb punkteten sie in fünf der acht Grand Prix und waren am Schluß Neunte. Egbert Streuer, der holländische WM-Vize des vergangenen Jahres, hat den beiden sehr geholfen. Er ist auch van Kempens fahrerisches Vorbild. Von Rolf Bilands Partner Kurt Waltisperg hat sich de Haas einiges abgeguckt. Geld hat ein Omnibusbetrieb als Sponsor beigesteuert. Und so lief alles — einschließlich der LCR-Yamaha, des Vorjahrs-Gespanns von Streuer — für den Anfang schon recht zufriedenstellend. Einen Trainingssturz in Imola haben sich die Nachwuchs-Gespannfahrer zur Lehre dienen lassen: »Das passiert uns nicht noch einmal.« Hobbies? »Frauen könnten das sein«, lächelt van Kempen verschmitzt. Viel Freizeit bleibt ohnehin nicht — allenfalls fürs Laufen und Schwimmen im Winter. Für 1984 hoffen die beiden auf einen großzügigen Sponsor.

Alfred Zurbrügg — Martin Zurbrügg

Ein Berner, so heißt es, muß sich mitunter von einem Schneckli überholen lassen. Nicht so die Brüder Alfred und Martin Zurbrügg: Zwar stammen sie vom Thunersee im Kanton Bern, und sie wählen auch ihre Worte sehr bedächtig, wenn sie sprechen. Auf den Rennstrecken aber lassen sie ihre Seymaz-Yamaha tüchtig laufen — da hat das Schneckli keine Chance. Mit ihrem jugendlichen Ungestüm (Alfred, der Jüngere, ist erst 26) stoßen sie allerdings bei den etablierten Spitzenfahrern nicht immer auf begeisterte Zustimmung. Daß sie kämpfen können, haben sie in ihrer kurzen Karriere schon bewiesen. 1982 bestreitet das Schweizer Brüderpaar erstmals die Weltmeisterschaft und beendet sie auf Platz 22. Zugleich werden die beiden Schweizer Meister. Im folgenden Jahr geht es dann kräftig nach vorn: In vier von acht Grand Prix können sie Punkte sammeln, am Schluß kommt der zehnte Platz heraus. Auf Rosen gebettet sind die zwei nicht. Auch heute müssen sie noch im ›Zivilberuf‹ arbeiten, um das Geld für Maschine und Rennen zusammenzubekommen. Nur kleine Sponsoren helfen bei der Finanzierung. Zwei Stürze in der ersten Saison gingen aufs Konto technischer Defekte. Zu einem dritten wäre es beinahe gekommen, als der Engländer Steve Webster den Zurbrügg Brothers 1983 in Anderstorp voll ins Hinterrad fuhr. Schon im Training davor hatte Martin seinen Schreck des Tages: Alfred schaltete unvermutet zurück, als sein Passagier gerade beim

Entweder hat hier Martin Zurbrügg schon geglaubt, das Training sei zu Ende, oder sein Bruder hat etwas zu heftig auf die Bremse getreten.

Griffwechsel war. So ging der ältere Bruder elegant über Bord. Angst haben die beiden trotzdem nicht. »Wenn das kommt, hören wir sofort auf.« Die Saison 1984 wollen sie mit einem neuen Chassis angehen und hoffen, zumindest ihren zehnten Rang verteidigen zu können.

Kraft und Technik: Obwohl sich der Gespanne-Sport vom Motorrad-Image immer weiter entfernte, zeigt der Kampf in den Kurven volle Aktion in Geschicklichkeit und Fahrzeugbeherrschung.

Anton Mang — Pechvogel des Jahres

Es hat in der Saison 1983 gewiß noch andere Rennfahrer gegeben, die Pech hatten. Aber kaum einer dürfte vom Unglück so verfolgt worden sein wie Toni Mang. Es begann gleich nach der Weltmeisterschaft 1982. Kawasaki zog sich vom Grand-Prix-Sport zurück, der Bayer mußte umdenken. Das fällt schwer, wenn man vier Weltmeister- und zwei Vizeweltmeister-Titel auf dieser Marke errungen hat. Mang überlegt lange, wägt die Für und Wider gegeneinander ab. Dann entschließt er sich doch, 1983 in der 500er Klasse zu starten: Mit ihr liebäugelt er schon seit einiger Zeit. Beim Vertragsabschluß mit HB-Suzuki in England ahnt Mang aber nicht, in welchen wackligen Schaukelstuhl er sich setzt. Versprochen werden ihm Werksmaschinen, wie sie Randy Mamola und Franco Unicini 1982 gefahren haben; noch vor Weihnachten sollen sie am Ammersee eintreffen. Wahrscheinlich hat Suzuki aber nicht 1982, sondern 1983 gemeint. Sepp Schlögl, Tonis Mechaniker, fällt Mitte Januar aus allen Wolken. Es darf doch wohl nicht wahr sein, was der 350er Champion auf seinen Einstieg in die Königsklasse geliefert bekommt: Production-Racer, wie sie jeder kaufen kann, der genügend Geld dafür hat. Kommentar des Schraubers mit den goldenen Händen: »Unsere alte 350er Kawa ist bestimmt schneller als so ein Serienmotorrad.« Erst Anfang Februar treffen schließlich die zwei Motorräder in Inning ein. Unverständlich, daß Suzuki einen Weltmeister engagiert, nur um ihn dann auf eine drittrangige Maschine zu setzen. Daß Mang von cleveren Team-Managern nach Strich und Faden verschaukelt wurde, ist nicht zu bezweifeln. Welcher Zweck aber damit erfüllt werden sollte? Großes Fragezeichen.

In der Zwischenzeit wollte der Weltmeister auf Lebenszeit seine Kondition in luftiger Höhe etwas aufbessern. Mit zwei schnellen Brettern auf blendend weißem Schnee startet er am 10. Januar 1983 in einen rabenschwarzen Tag. Von einem Hügel unsanft gestoppt geht Toni zu Boden, und mit einem Bänderriß am Knie findet er sich im Operationssaal eines Münchner Krankenhauses wieder. Nach gut gelungener chirurgischer Arbeit ist Toni hoffnungsvoll, spätestens im März in Kyalami wieder in Topform zu sein. Diese Erwartung trog. Erst Ende Mai 1983 geht er zum ersten Mal auf dem

Salzburgring an den Start. Mit starken Schmerzen muß er aber schon nach zehn Runden aufgeben. An insgesamt 68 Tagen wurde nun stundenlang versucht Mangs steifes Knie durch Gymnastik beweglicher zu machen. Einer der Autoren des Buches hat den Pechvogel mehrmals ins Krankenhaus zu seinen Übungen begleitet. Trotz kühlen Wetters lief schon nach kurzer Zeit der Schweiß über Tonis schmerzverzerrtes Gesicht. Monatelang konnte Mang nur stundenweise schlafen. Er wurde mit Cortison vollgestopft und von einer medizinischen Kapazität zur anderen geschickt. Erst im Sommer fand der sechste Spezialist endlich heraus, daß eine nicht erkannte und verschleppte Knochenentzündung die starken Schmerzen verursachte.

Außer den Problemen mit seinem Bein mußte Mang in dieser Zeit noch andere unangenehme Dinge ertragen. Im Winter 1982 noch hoch geehrt, bekam er nach seinem Skiunfall das Gegenteil zu spüren. Schmalspurreporter, machten mit unsachlichen, oft bösartigen Berichten Stimmung gegen ihn. Artikelüberschriften wie ›Mang schmerzt das Knie und auch der Einstieg in die neue Klasse‹ oder ›Warum kneift der große Mang?‹ ließen erkennen, daß auch im Rennsport gestern ›Hosianna‹ und heute ›kreuziget ihn‹ gerufen wird. Mang hat all diese Verdächtigungen mit bajuwarischer Ruhe geschluckt. Für spätere Zeiten hat er aber gewiß seine Konsequenzen daraus gezogen. Die Versuche der Medien, ihn lächerlich zu machen, blieben auch bei einem Teil seiner Fans nicht ohne Wirkung. So beschimpfte man ihn beispielsweise auf einer offenen Postkarte: »Nenn Dich nie wieder Weltmeister, Du Feigling, Kneifer und Drückeberger!« Unterschrieben war diese Trilogie von Kraftausdrücken mit »einige richtige Motorradfahrer aus Berlin«. Warum haben diese ›richtigen Motorradfahrer‹ aber nicht längst selbst ausprobiert, was man mitbringen muß, um ein so exzellenter Rennfahrer zu werden wie Toni Mang? Bestimmt hätten sie dann schnell gemerkt, daß er keinesfalls das ist, was sie ihm vorwerfen. Mit 29 gewonnenen Grand Prix ist Mang der erfolgreichste deutsche Motorrad-Rennfahrer überhaupt. Und selbst in der Königsklasse kann mancher nur von Rundenzeiten träumen, die der Bayer längst auf einer 350er gefahren hat. Daß er auch eine bullige 500er wie ein Altgedienter beherrscht, hat Mang, gesundheitlich wieder fit, dreimal hintereinander in Silverstone, Anderstorp und Imola gezeigt. Gegen mindestens zehn langjährige Werksfahrer auf stärkeren Maschinen hat er dabei zweimal den zehnten und einmal den zwölften Platz belegt: eine Spitzenleistung, wenn man bedenkt, daß nach 30 Runden Anderstorp der Abstand zwischen dem Sieger Freddie Spencer und dem Zehnten Toni Mang, nur 75 Sekunden betrug. Hoffentlich ging mit dem Läuten der Silvesterglocken sein Pechjahr zu Ende. Dann kann er 1984, jetzt wieder in der 250er Klasse, an seine alten Erfolge anknüpfen.